Tucholsky Wagner Zola Scott Sydow Freud Schlegel
Turgenev Wallace Fonatne
Twain Walther von der Vogelweide Fouqué Friedrich II. von Preußen
Weber Freiligrath
Fechner Weiße Rose von Fallersleben Kant Ernst Frey
Fichte Richthofen Frommel
Engels Fielding Hölderlin
Fehrs Faber Flaubert Eichendorff Tacitus Dumas
Eliasberg Ebner Eschenbach
Feuerbach Maximilian I. von Habsburg Fock Zweig
Ewald Eliot Vergil
Goethe Elisabeth von Österreich London
Mendelssohn Balzac Shakespeare Dostojewski Ganghofer
Lichtenberg Rathenau
Trackl Stevenson Doyle Gjellerup
Mommsen Tolstoi Hambruch Droste-Hülshoff
Thoma Lenz Hanrieder
Dach Verne von Arnim Hägele Hauff Humboldt
Reuter Rousseau Hagen Hauptmann Gautier
Karrillon Garschin
Defoe Baudelaire
Damaschke Descartes Hebbel
Hegel Kussmaul Herder
Wolfram von Eschenbach Dickens Schopenhauer
Bronner Darwin Melville Grimm Jerome Rilke George
Campe Horváth Aristoteles Bebel Proust
Bismarck Vigny Barlach Voltaire Federer Herodot
Gengenbach Heine
Storm Casanova Tersteegen Grillparzer Georgy
Chamberlain Lessing Langbein Gilm Gryphius
Brentano Lafontaine
Strachwitz Claudius Schiller Kralik Iffland Sokrates
Bellamy Schilling
Katharina II. von Rußland Gerstäcker Raabe Gibbon Tschechow
Löns Hesse Hoffmann Gogol Wilde Gleim Vulpius
Luther Heym Hofmannsthal Morgenstern
Roth Klee Hölty Goedicke
Luxemburg Heyse Klopstock Kleist
Puschkin Homer Mörike
Machiavelli La Roche Horaz Musil
Kierkegaard Kraft Kraus
Navarra Aurel Musset Moltke
Nestroy Marie de France Lamprecht Kind Kirchhoff Hugo
Laotse Ipsen Liebknecht
Nietzsche Nansen Ringelnatz
Marx Lassalle Gorki Klett Leibniz
von Ossietzky May Lawrence Irving
vom Stein
Petalozzi Platon Knigge
Sachs Poe Pückler Michelangelo Kock Kafka
Liebermann Korolenko
de Sade Praetorius Mistral Zetkin

Betrachtungen über die Grundlagen der Philosophie

René Descartes

Impressum

Autor: René Descartes
Übersetzung: Ludwig Fischer
Umschlagkonzept: toepferschumann, Berlin

Verlag: tradition GmbH, Hamburg
ISBN: 978-3-8495-2847-8
Printed in Germany

Zur Einleitung.

René Des-Cartes (»Seigneur du Perron«)[1] erblickte das Licht der Welt am 31. März[2] 1596 zu La Haye (Touraine), wohin seine Mutter sich vor der Pest geflüchtet hatte. Sein Vater war Rat beim Parlament der Bretagne zu Rennes und gehörte einem der ältesten Adelsgeschlechter von Touraine an. René war von schwächlicher Körperkonstitution. Aber schon in frühester Jugend zeigte er hohe Geistesgaben. Ein ungewöhnlicher Wissens- und Forschungsdrang beseelte den Knaben, sodaß ihn sein Vater wohl den »kleinen Philosophen« nannte.

Acht Jahre alt wurde er dem Jesuiten-Kolleg zu La Fléche zur Erziehung übergeben. Hier wurde der Grund gelegt zu dem festen und unerschütterlichen Glauben, den er sein ganzes Leben hindurch bewahrte. Mit großem Eifer folgte er dem Unterricht und setzte nicht selten seine Lehrer in Erstaunen durch die Selbstständigkeit und Schärfe seines Urteils.

Die Wissenschaften gewährten ihm jedoch wenig Befriedigung. Enttäuscht verließ er 1612 die Schule. Er sagt von sich: »Von Jugend auf bin ich für die Wissenschaften erzogen worden. Man sagte mir, durch sie könne man eine klare und sichere Erkenntnis von allem erlangen, was für das Leben von Wert ist, und so war ich vom sehnlichsten Wunsche beseelt, sie kennen zu lernen. Als ich nun den ganzen Studiengang beendet hatte und mich, wie es Sitte war, zu den »Gelehrten« hätte rechnen dürfen, da war ich ganz anderer Meinung geworden! Zweifel und Irrtümer umgaben mich, und nur das eine schien mir bei all meiner Lernbegierde immer klarer und klarer geworden zu sein, nämlich daß ich nichts weiß. Und doch besuchte ich eine der hervorragendsten Schulen in ganz Europa, wo es, wenn überhaupt irgendwo in der Welt, gelehrte Männer geben mußte!«[3]

Nur die Mathematik gewährte ihm einige Befriedigung, und er legte bereits auf der Schule den Grund zu einer der großartigsten

---

[1] »Cartesius« nannte er sich zuweilen in seinen lateinischen Schriften.

[2] Nicht, wie Kirchmann angiebt, am 30. März. Ein Bildnis von ihm aus 1644 giebt in der Umschrift an: »natus ... ultimo die Martii«.

[3] »Disc. d. l. Méth.« I.

Errungenschaften, welche die Mathematik ihm verdankt: zur *Analytischen Geometrie*. Dennoch aber überwog das Gefühl der Enttäuschung so sehr seinen Wissensdrang, daß er nach Verlassen der Schule der wissenschaftlichen Beschäftigung entsagte und sich in einen Strudel von Vergnügungen stürzte, in dem er leicht hätte Schiffbruch leiden können. Zwei Jahre brachte er so zu Paris zu; aber auf die Dauer konnte eine Natur wie die Descartes' in einem solchen Leben sich nicht wohl fühlen. Der Hang zum Nachdenken und zur Einsamkeit war ihm angeboren und blieb ihm während seines ganzen Lebens eigen, ohne daß er darum je ein melancholischer Kopfhänger oder ein Menschenfeind geworden wäre. Im Gegenteil war er stets von heiterem Sinn, freundlich gegen jedermann und von tiefem Mitgefühl für andere; allen edlen Regungen war er in hohem Maße zugänglich. Aber seine Liebe zur Wissenschaft ließ ihn an der Oberflächlichkeit des gesellschaftlichen Lebens auf die Dauer keinen Geschmack finden. So kam es, daß Descartes plötzlich dem Kreise seiner Freunde fern blieb. Niemand wußte, wo er hingekommen, bis, etwa zwei Jahre später, ein Freund in einem entlegenen Viertel in Paris zufällig seinen Aufenthalt entdeckte.

Er hatte sich inzwischen besonders mathematischen Studien hingegeben, ohne jedoch auch jetzt die gehoffte Befriedigung zu finden. Daher wurde es seinen Freunden nicht allzuschwer, ihn der Welt wiederzugeben. Aber nicht das Vergnügen lockte ihn jetzt. Es war der Drang, die Welt mit aufmerksamem Geiste zu beobachten, sie lenken zu lernen und womöglich dadurch zu einer befriedigenden Lösung seiner Zweifel zu gelangen. Darum litt es ihn auch nicht länger in Paris. Wir finden ihn 1617 in Holland, unter der Fahne Moritz' von Nassau.

Er war von Natur nicht für den Kriegsdienst geschaffen, wiewohl es ihm an persönlichem Mut nicht fehlte. Schon seine ganze Gestalt war nicht gerade imponierend. Er war klein und nicht besonders kräftig gebaut. Das »Männchen« (»*homuncio*«) nannte ihn einer seiner Gegner spottweise. Dabei hatte er einen ungewöhnlich großen Kopf, breite Nase, großen Mund, lange schwarze Haare. Seine Stimme war nicht kräftig. Meist war er schweigsam und nachdenklich. Selbst im Feldlager liebte er es, mit seinen Gedanken allein zu sein; das waren ihm seine angenehmsten Stunden. Sie waren vorzüglich der Mathematik gewidmet. So entstand 1618 eine mathematische Abhandlung über die Musik.

Im folgenden Jahre leistete er unter dem Kurfürsten von Bayern und später unter Kaiser Ferdinand II. Kriegsdienste und lernte einen großen Teil Deutschlands kennen; auch nach Böhmen und Ungarn kam er. Das Kriegsleben sagte ihm jedoch wenig zu. Er nahm seinen Abschied und kehrte gegen Ende 1621 nach Haag zurück. Der Drang, zur Erkenntnis der Wahrheit zu gelangen, war in ihm immer lebhafter geworden. Ihm schwebte das Beispiel der Mathematik vor. Die ganze übrige Wissenschaft so fest zu begründen, wie diese, das war sein Lieblingsgedanke. Er fühlte sich indessen der Ausgabe noch nicht gewachsen. Alles war noch in ihm in Gährung. So griff er bald zu dieser, bald zu jener Beschäftigung, nirgends fand er Befriedigung und innere Ruhe! Dieser Gemütszustand trieb ihn wieder in die Welt hinaus. Er unternahm während der folgenden Jahre verschiedene größere Reisen, nahm auch 1628 als Freiwilliger an der Belagerung von La Rochelle teil. Seine Ideen hatten sich inzwischen bedeutend geklärt. Er sah sein Ziel schon mit ziemlicher Bestimmtheit vor sich. So beschloß er noch im selben Jahre, sich wieder ganz in die Einsamkeit zurückzuziehen und nunmehr mit aller Kraft an die Ausführung seiner Pläne zu gehen. Damals entstand wahrscheinlich seine Schrift: »Regeln zur Leitung des Geistes.«

Descartes begab sich 1629 nach Holland. Hier entstand der erste Entwurf seines philosophischen Systems. Jetzt war er ganz in das richtige Fahrwasser gelangt! Er traf alle nur denkbaren Vorkehrungen, um jetzt ganz ungestört in seiner Einsamkeit zu sein. Seinen Aufenthaltsort hielt er sorgfältig geheim; nur ein guter Freund wußte darum, der seine Korrespondenz vermittelte. Fortwährend wechselte er seinen Wohnort; Holland selbst aber verließ er (außer bei Gelegenheit einiger Reisen) nicht wieder, bis kurz vor seinem Tode.

Ein eigenartiger Nimbus umgab bald seine Person, umsomehr, da es bereits bekannt geworden, daß er an einer ganz neuen Begründung der Wissenschaften arbeite. Vielfach wurde er für ein Mitglied der geheimnisvollen Gesellschaft der Rosenkreuzer gehalten.

Descartes kannte alle diese Gerüchte und war nicht sonderlich erfreut darüber. Ruhm und Lobeserhebungen machten stets einen fast peinlichen Eindruck auf ihn, Schmeichler waren ihm verhaßt. Einfachheit und offene Bescheidenheit waren seinem ganzen Wesen in hohem Maße eigentümlich. Einfach und doch nicht selten von ungewöhnlicher Erhabenheit war seine Rede, einfach seine ganze Lebensführung. Nur die notwendigste Dienerschaft hatte er um sich, mit der er mehr als Freund wie als Herr verkehrte. Wenn er morgens nach zehn- bis zwölfstündigem Schlafe erwachte, pflegte er noch wachend und sinnend einige Zeit im Bette zu verweilen, worauf er sich ankleidete, um bis zur Hauptmahlzeit noch einige Stunden der Wissenschaft zu widmen. Seine Mahlzeit war einfach aber gut. Nach ihrer Beendigung machte er sich mit Vorliebe Bewegung im Freien.

Verheiratet war er nie, woran vielleicht sein Hang zur Einsamkeit die Schuld trägt. Er besaß eine Tochter, Francine, an der er mit großer Innigkeit hing. Als diese 1640 (im Alter von 5 Jahren) starb, war er lange Zeit ganz untröstlich.

Seine wissenschaftlichen Arbeiten wären beinahe jäh unterbrochen worden, als die Kunde von der Verurteilung Galileis zu ihm drang (1633). Er war nahe daran, alle seine Manuskripte zu verbrennen. Doch entschloß er sich 1637 zur Veröffentlichung eines Teiles derselben. Zunächst erschien seine »Abhandlung über die Methode« nebst einigen für die damalige Wissenschaft sehr bedeutungsvollen Werken mathematischen und naturwissenschaftlichen Inhalts.

1641 erschienen die »Betrachtungen«, die wir gegenwärtig in deutscher Übersetzung dem Leser vorlegen. Descartes hatte vor Veröffentlichung das Manuskript einer Reihe von Gelehrten vorgelegt und deren Einwände nebst seinen Entgegnungen mit veröffentlicht.

1644 erschienen die »Prinzipien der Philosophie«.

Die Veröffentlichungen Descartes' erregten allgemein großes Aufsehen. Seine Lehre fand viele Anhänger, aber auch zahlreiche Gegner. Sehr bemerkenswert ist, daß zwei der hervorragendsten Frauen jener Zeit seine eifrigsten Schülerinnen waren. Es waren dies die Prinzessin Elisabeth von der Pfalz und die Königin Christine von Schweden. Mit ersterer stand er seit 1643 bis zu seinem Ende in regstem brieflichen Verkehr. Für sie schrieb er 1646 das Werk über die Gemütsbewegungen (1649 veröffentlicht).

Bei einer Reise nach Paris lernte Descartes Kanut, den nachmaligen Gesandten in Schweden kennen. Durch diesen wurde Königin Christine von Schweden auf Descartes aufmerksam.

Von lebhafter Begeisterung für den großen Philosophen ergriffen, wünschte sie nichts sehnlicher, als ihn an ihren Hof zu fesseln. Da Descartes damals in Holland vielen Anfeindungen seitens übereifriger Theologen ausgesetzt war, ließ er sich um so leichter bestimmen, einer Einladung nach Stockholm Folge zu leisten. Im Herbste 1649 trat er die Reise an. »Ich glaube nicht, daß ich länger hierbleiben werde, als bis nächsten Sommer. Aber wer weiß, was die Zukunft bringt!« so schrieb er gleich nach seiner Ankunft an die Prinzessin Elisabeth.[4] Fast scheint es, als hätte er sein Schicksal geahnt! Er war gewohnt, spät aufzustehen; jetzt erschien er jeden Morgen um 5 Uhr in der Bibliothek der Königin, um diese in der Philosophie zu unterrichten. Diese ungewohnte Anstrengung, die ganz veränderte Lebensweise und das rauhe nordische Klima waren seiner Gesundheit wenig zuträglich. Schon Anfang 1650 befiel ihn ein heftiges Fieber, das seinem Leben bald ein Ende machte. Er starb am Morgen des 11. Februar 1650.

Während die »Abhandlung über die Methode« hauptsächlich den Plan entwickelt, nach dem Descartes die Wissenschaft fest zu begründen sucht, legen die »Betrachtungen« das feste Fundament, auf dem der gewaltige Bau errichtet werden soll, und damit sind gleichzeitig die Grundzüge des Lehrgebäudes unverrückbar festgelegt. Den Versuch, den Bau selbst in seinen wichtigsten Teilen auszuführen, machen die »Prinzipien der Philosophie«. Die drei Hauptschriften Descartes stehen in allerengster innerer Beziehung zu einander, und sind nicht etwa als drei von einander unabhängige Darstellungen der Lehre Descartes anzusehen.

Weitaus am wichtigsten und in jeder Beziehung am interessantesten sind die »Betrachtungen«.

Das Ringen eines großen Geistes nach Wahrheit, nach tieferer und sicherer Erkenntnis, tritt uns darin in einer so lebendigen, un-

---

[4] Brief vom 8. Oktober.

mittelbaren Weise entgegen, daß die tiefen Empfindungen, die das Gemüt des nach Wahrheit Suchenden erregen, sich jedem Leser mitteilen, der ähnlicher Gefühle überhaupt fähig ist.

Wir lernen die Macht des alles zerstörenden Zweifels kennen. Anfangs geben wir uns ihr mit einer geheimen Freude, mit dem Gefühl der Überlegenheit, hin. Dann aber, als eine sicher geglaubte Stellung nach der anderen von ihm erobert wird, und wir schließlich ganz von ihm eingenommen sind, da beschleicht unser Gemüt eine ängstliche Beklommenheit, die uns fast erlahmen macht. Wir fürchten uns selbst zu verlieren, fast schwindelt uns, wir fühlen uns wie in einen Strudel hineingerissen, in dem es keinen Halt mehr für uns giebt. Da bringt uns der Selbsterhaltungstrieb wieder zu uns selbst; wir werden uns unserer Kraft bewußt und arbeiten uns nun langsam aber sicher zum Ziel. Das Gefühl der eigenen Kraft, das stetig wachsende beseligende Gefühl der Sicherheit erfüllt uns.

Können wir auch den Descartes'schen Ausführungen nicht ganz zustimmen, so erfüllt uns doch sein Werk mit hoher Bewunderung. Es steht an der Grenze zweier gewaltiger Epochen der Wissenschaft. Während es einerseits noch deutlich die Scholastik wiederspiegelt, eröffnet es andererseits den Ausblick in eine neue Zeit mit neuen Zielen, neuen Ansichten und neuen Begriffen. Dadurch hat es ein ganz besonderes Interesse für den aufmerksamen Beobachter der allmählichen Entwicklung des Menschengeistes.

Was die Lehre Descartes vor allem von allen früheren (formal) unterscheidet und ihr das selbständige Gepräge verleiht, ist

1. Die gänzliche Voraussetzungslosigkeit.
2. Der Zweifel als Forschungs-Prinzip (das Suchen).
3. Der oberste, gewisseste Punkt (der Anfang).
4. Das Prinzip der Selbstbeobachtung (der Fortschritt).
5. Das Kriterium der Wahrheit (die Prüfung).
6. Die streng systematische Ableitung aus dem ersten Gewissen (das System).

Bezüglich der vorliegenden Übersetzung der »Betrachtungen« war es mein Bestreben, den Text möglichst wortgetreu wiederzugeben, gleichzeitig aber alle undeutschen Wendungen und Konstruktionen fernzuhalten. Durch Auflösung der langen, oft schwerfälligen Perioden, ferner durch geeignete Interpunktion, häufigere Absätze und sinngemäßes Hervorheben einzelner Worte hoffe ich die Lektüre des Werkes wesentlich erleichtert und den Inhalt dem Verständnis näher gebracht zu haben.

Der Übersetzung liegt der lateinische Text der Amsterdamer Ausgabe von 1654 zu Grunde. Damit wurde sorgfältigst die französische Übersetzung des Herzogs von Luynes verglichen, die von Descartes selbst revidiert und verbessert wurde und dadurch dem Original gleichwertig ist. Sie ist wiedergegeben in »*Oeuvres philosophiques de Descartes*« von Aimé-Martin (Paris 1838).

Außerdem wurden zum Vergleich herangezogen die deutschen Übersetzungen von Kuno Fischer (Mannheim 1863) und von I. H. von Kirchmann (Berlin 1870).

Meinen philosophischen Standpunkt, der den Notizen zu Grunde liegt, die ich an einigen Stellen beigefügt, habe ich entwickelt in meinem »Grundriß des Systems der Philosophie als Bestimmungslehre« (Wiesbaden, bei Bergmann).

Ludwig Fischer.

Betrachtungen über die Grundlagen der Philosophie.

Enthaltend den Beweis für das Dasein Gottes und den Wesens-Unterschied zwischen Leib und Seele.[5]

---

[5] Die erste (Pariser) Ausgabe hatte auf dem Titel: »Enthaltend den Beweis für das Dasein Gottes und die Unsterblichkeit der Seele«. Die Unsterblichkeit der Seele wird aber in der Schrift selbst nicht speziell behandelt, wohl aber kurz in der Übersicht der zweiten Betrachtung.

Vorwort an den Leser!

Schon vor einiger Zeit berührte ich die Fragen über Gott und die menschliche Seele in einer 1637 veröffentlichten französischen Abhandlung über »Die Methode, den Verstand richtig zu gebrauchen und die Wahrheit in den Wissenschaften zu erforschen«. Es war dabei weniger meine Absicht, diese Fragen dort eingehend zu behandeln; ich wollte vielmehr lediglich darauf hinweisen, um dann aus dem Urteil der Leser zu entnehmen, wie ich sie etwa später zu behandeln hätte. Sie schienen mir nämlich von so hoher Bedeutung zu sein, daß ich ihre wiederholte Behandlung für erforderlich hielt.

Der Weg, den ich bei ihrer Entwicklung einschlage, ist noch sehr wenig betreten und liegt dem gewöhnlichen Wege sehr fern. Es schien mir darum nicht angemessen, ihn in einer französischen, jedermann zugänglichen Schrift eingehender zu behandeln; es könnten sonst vielleicht auch Leute, denen die Befähigung dazu mangelt, sich zu der Meinung veranlaßt sehen, als könnten auch sie diesen Weg betreten.

In der »Abhandlung über die Methode« bat ich alle, die in meinen Schriften etwas Tadelnswertes fänden, mir davon freundlichst Mitteilung zu machen. Nur zwei nennenswerte Einwände gegen meine Bemerkungen bezüglich jener beiden Fragen sind daraufhin erhoben worden. Ich will hier nur mit einigen Worten darauf erwidern, und werde später ausführlicher darauf zurückkommen.

Der erste Einwand sagt: daraus, daß der menschliche Geist, wenn er sich selbst beobachtet, sich lediglich als ein denkendes Wesen auffaßt, folge noch nicht, daß seine Natur oder sein Wesen darin *allein* besteht, daß er ein denkendes Wesen ist (sodaß also das Wort »allein« alles andere ausschlösse, was vielleicht noch außerdem als zum Wesen des Geistes gehörig angesehen werden könnte). Ich erwidere darauf, daß ich dies auch keineswegs in Bezug auf den wahren Sachverhalt habe ausschließen wollen (worum es sich damals gar nicht handelte), sondern lediglich in Beziehung auf meine Auffassung. Der Sinn ist sonach, daß ich gar nichts als zu meinem Wesen gehörig *erkenne*, außer, daß ich ein denkendes Wesen, das

Subjekt des Denkens bin.[6] In folgendem aber werde ich zeigen, wie daraus, daß ich erkenne, daß nichts anderes zu meinem Wesen gehört,[7] folgt, daß auch in *Wirklichkeit* nichts anderes dazu gehört.

Der zweite Einwand behauptet, daraus, daß ich die Vorstellung eines Wesens in mir habe, das vollkomnner ist als ich, folge noch nicht, daß die Vorstellung *selbst* vollkommner sei als ich; noch viel weniger aber folge daraus, daß der vorgestellte *Gegenstand existiere.*

Dagegen erwidere ich, daß hier dem Worte »Vorstellung« ein doppelter Sinn zu Grunde liegt. Man kann »Vorstellung« nämlich entweder *material*, als Thätigkeit des Verstandes auffassen; insofern kann sie allerdings nicht vollkommner als ich genannt werden. Oder man faßt sie *objektiv* auf, als das, was durch jene Geistesthätigkeit vorgestellt wird. Dieser vorgestellte Gegenstand aber kann, selbst wenn ich ihn *nicht* als außer meinem Denken existierend annehme, seinem Wesen nach doch vollkommner als ich sein. Wie aber daraus allein, daß in mir die Vorstellung eines vollkommneren Wesens sich findet, dessen thatsächliche Existenz sich ergiebt, das werde ich im nachfolgenden ausführlich darlegen.

Es sind mir auch noch zwei sehr umfangreiche Schriften zu Gesicht gekommen, die indessen weniger meine Gründe angriffen, als vielmehr meine Schlußfolgerungen mit Beweisen bekämpften, die sie den Gemeinplätzen der Atheisten entlehnten. Dergleichen Beweise sind aber bedeutungslos für die, welche meine Gründe einsehen. Zudem haben viele ein so verworrenes und schwaches Urteilsvermögen, daß sie die Ansicht, die sich ihnen *zunächst* darbietet, viel eher für wahr halten – mag sie auch noch so falsch und unvernünftig sein – als eine ganz wahre und gründliche Widerlegung dieser Ansicht, die sie erst *nachträglich* hören. Darum will ich auf jene Beweise hier nicht näher eingehen, um sie nicht vor den meinigen mitteilen zu müssen. Ich will nur im allgemeinen bemerken,

---

[6] »res cogitans, cogitandi«; französisch: »une chose qui pense, ou une chose qui a en soi la faculté de penser«.

[7] Descartes beachtet zu wenig den Unterschied dazwischen, ob ich positiv erkenne, daß nichts anderes zu meinem Wesen gehört – oder ob ich bloß nicht zu erkennen vermag, ob noch etwas anderes als das Denken zu meinem Wesen gehört. Dies ist aber offenbar der Kernpunkt der ganzen Streitfrage. Descartes scheint sich dessen gar nicht völlig bewußt geworden zu sein.

daß alles, was die Atheisten gewöhnlich gegen die Existenz Gottes vorbringen, stets darauf hinausläuft, daß man Gott menschliche Affekte zuschreibe, oder daß unsere Geisteskraft und Weisheit so groß sein müsse, daß wir es wagen könnten, festzustellen und zu verstehen, was Gott thun kann und muß. Denken wir aber nur daran, daß unser Geist als *endlich*, Gott aber als unfaßbar und unendlich anzusehen ist, so kann uns dies alles gar keine Schwierigkeiten bereiten.

So habe ich nun einmal die verschiedenen Ansichten anderer Menschen kennen gelernt und will nun nochmals mit der Verhandlung jener Fragen bezüglich Gottes und des menschlichen Geistes beginnen, und werde damit gleichzeitig die ersten Grundlagen aller Philosophie behandeln.

Ich erwarte nicht den Beifall der Menge, nicht eine große Zahl von Lesern. Nur *die* möchte ich zum Lesen veranlassen, die ernst mit mir nachdenken und ihren Geist von allem Sinnlichen und von allen Vorurteilen ablenken können und wollen. Ich weiß wohl, daß dies nur sehr wenige sind! Die aber, welchen es nicht um das Verständnis der Reihenfolge und des inneren Zusammenhanges meiner Gründe zu thun ist, und die nur an einzelnen aus dem Zusammenhang gerissenen Sätzen herumklügeln möchten, wie es gar viele zu thun pflegen, die werden keinen großen Gewinn vom Lesen dieser Schrift haben! Sie werden vielleicht vielfach Gelegenheit zu Wortklaubereien finden, etwas Treffendes oder einer Erwiderung Würdiges werden sie aber wohl schwerlich vorbringen können.

Aber auch den anderen kann ich nicht versprechen, daß ich ihnen gleich von vornherein in allen Punkten Genüge leisten werde. Ich bilde mir nicht so viel ein, daß ich glaube, alles voraussehen zu können, was etwa dem einen oder dem anderen noch schwierig erscheinen könnte. Darum will ich zunächst in den »Betrachtungen« den Gedankengang entwickeln, der mich, wie ich glaube, zur sicheren und klaren Erkenntnis der Wahrheit führte. Ich will sehen, ob ich vielleicht durch die nämlichen Gründe, die mich überzeugten, auch andere überzeugen kann.

Darauf will ich auf die Einwände einiger durch Scharfsinn und Gelehrsamkeit hervorragender Männer antworten, denen ich diese »Betrachtungen« vor dem Druck zur Prüfung zugehen ließ. Die

Einwände, welche diese machten, waren nämlich so zahlreich und verschiedenartig, daß ich zu hoffen wage, es könne nichts, wenigstens nichts Wesentliches mehr erdacht werden, was jene nicht schon erwähnt hätten.[8]

Darum bitte ich den Leser dringend, über die »Betrachtungen« nicht eher zu urteilen, bis er alle jene Einwände nebst den Widerlegungen einer geneigten Durchsicht unterzogen hat.

---

[8] Diese Einwände und Erwiderungen sind nicht in die vorliegende Übersetzung aufgenommen. Sie betragen ihrem Umfange nach etwa das Sechsfache der vorliegenden »Betrachtungen« und liegen teilweise dem Interesse der heutigen Zeit ferner. Eine vollständige deutsche Übersetzung derselben existiert unseres Wissens bis jetzt überhaupt noch nicht.

Übersicht der sechs folgenden Betrachtungen.[9]

In der *ersten* Betrachtung werden die Gründe auseinandergesetzt, weshalb wir an allen, besonders aber an den materiellen Dingen zweifeln können; natürlich nur solange unser Wissen nicht festere Grundlagen hat als bisher!

Allerdings dürfte wohl der Wert eines so umfassenden Zweifels nicht auf den ersten Blick klar sein. Er ist aber gleichwohl sehr groß, insofern er uns nämlich von allen Vorurteilen befreit und uns am leichtesten in den Stand setzt, den Verstand von den Sinnen abzulenken. Zugleich bewirkt er auch, daß wir an dem, was wir schließlich als *wahr* erkennen, nie wieder zweifeln können.

In der *zweiten* Betrachtung macht der Geist von der ihm eigenen Freiheit Gebrauch und *nimmt an*, alles das existiere überhaupt nicht, über dessen Dasein auch nur der geringste Zweifel sich erheben könnte.

Dabei bemerkt er nun, daß es völlig *unmöglich* sei, daß er *selbst* unterdessen *nicht* da sei. Das ist aber von größtem Werte für uns. Der Geist vermag auf Grund dessen leicht zu unterscheiden, was zu ihm, d. h. zum erkennenden Wesen, und was zum Körper gehört. Vielleicht erwartet aber der eine oder der andere an jener Stelle Gründe für die Unsterblichkeit der Seele; darum glaube ich dieselben darauf aufmerksam machen zu sollen, daß es mein Bestreben war, nichts zu schreiben, ohne es aufs genaueste zu beweisen. Darum konnte ich keine andere Methode befolgen, als die in der Geometrie gebräuchliche, nämlich alles vorauszuschicken, von dem der fragliche Satz abhängt, bevor ich aus demselben irgend etwas folgerte.

Das erste und wichtigste Erfordernis, um die Unsterblichkeit der Seele zu erkennen ist aber, daß wir uns einen möglichst klaren Begriff von ihr bilden, der von jeglichem Begriffe von etwas Körperlichem vollkommen zu unterscheiden ist. Dies ist dort geschehen.

---

[9] Diese Übersicht rührt von Descartes selbst her.

Weiter ist erforderlich, zu wissen, daß alles das, was wir klar und deutlich einsehen, *wahr sei*. Das kann aber vor der vierten Betrachtung nicht bewiesen werden.

Ferner müssen wir einen deutlichen Begriff vom Wesen des Körpers haben. Dieser wird teils noch in der zweiten, teils erst in der fünften und sechsten Betrachtung gebildet. Daraus ist dann zu schließen, daß alles das, was wir klar und deutlich als verschiedene Substanzen begreifen, sowie wir Geist und Körper begreifen, auch in der That Substanzen seien, die voneinander verschieden sind. Dieser Schluß wird in der sechsten Betrachtung gezogen und wird daselbst noch dadurch bestätigt, daß wir alle Körper als teilbar, den Geist dagegen oder die menschliche Seele nur als unteilbar auffassen. In der That können wir ja von keinem Geiste eine Mitte vorstellen, wie wir es bei jedem noch so kleinen Körper können. Wir erkennen also das Wesen von Körper und Geist nicht nur als verschieden, sondern sogar in gewissem Sinne als entgegengesetzt.

Weiter aber habe ich diesen Punkt nicht in dieser Schrift behandelt, denn einesteils genügt das, um zu zeigen, daß aus der Auflösung des Körpers noch nicht der Untergang des Geistes folge, und daß somit die Sterblichen sich Hoffnung auf ein anderes Leben machen dürfen; andernteils aber hängen die Prämissen, aus denen die Unsterblichkeit der Seele selbst gefolgert werden kann, von der Darstellung der gesamten Physik ab: denn erstlich muß man wissen, daß durchaus alle Substanzen oder Dinge, die zu ihrem Dasein der Schöpfung durch Gott bedürfen,[10] ihrer Natur nach unvergänglich sind und nur dann aufhören können zu sein, wenn dieser selbe Gott ihnen die Erhaltung verweigert und sie in das Nichts zurückversetzt; ferner ist zu beachten, daß der Körper *an sich*[11] zwar Substanz ist und daher auch niemals untergeht, daß aber der menschliche *Leib* seiner individuellen *Beschaffenheit* nach nur einen Komplex von gewissen Gliederverbindungen und anderen derartigen Accidentien darstellt; dagegen besteht der Geist nicht so aus irgend welchen Accidentien, sondern ist reine Substanz: denn wenn auch

---

[10] »quae a deo creari debent ut existant.« Die Kirchmann'sche Übersetzung: »welche von Gott zum Dasein geschaffen werden sollen,« scheint mir keinen rechten Sinn zu geben.

[11] »in genere sumptum.«

alle seine Accidentien sich ändern, sodaß er z. B. anderes denkt, anderes will, anderes empfindet u. s. w., so wird dadurch doch der Geist selbst kein anderer, der menschliche Leib aber wird dadurch allein schon ein anderer, daß die Gestalt einiger seiner Teile sich ändert. Daraus aber geht hervor, daß wohl der Körper sehr leicht zu Grunde geht, der Geist aber seiner Natur nach unsterblich ist.[12]

In der *dritten* Betrachtung habe ich mein Hauptargument zum Beweise des Daseins Gottes, wie ich glaube, mit ausreichender Ausführlichkeit entwickelt. Da ich aber den Geist des Lesers so viel wie möglich von den Sinnen ablenken möchte, wollte ich mich dort keiner Vergleiche bedienen, die von körperlichen Dingen hergeholt sind, und so sind gleichwohl vielleicht viele Unklarheiten geblieben, die ich indessen später in den Antworten auf die Einwände[13] völlig zu beseitigen hoffe; so findet sich unter anderen Schwierigkeiten diese: wieso hat die Vorstellung eines vollkommensten Wesens, die in uns ist, so viel objektive Realität,[14] daß sie nur von einer aller-

---

[12] Descartes unterscheidet den Körper seiner Substanz und seinen besonderen Eigenschaften nach. Erstere ist unveränderlich, unvergänglich, letztere ist veränderlich und vergänglich. Als Substanz ist auch unser Leib unvergänglich. Seiner besonderen Form und Zusammensetzung nach aber, die ihn eben als »Leib« charakterisiert, ist er veränderlich und vergänglich. Die Seele dagegen, als einfaches Wesen, ist sowohl ihrer Materie wie ihrer Form nach unvergänglich. Seele und Körper im Gegensatz zum Leibe wären etwa zu bezeichnen als »primäre Individuen«, »Individuen niederer Ordnung«, während der Leib als solcher ein »Individuum höherer Ordnung« zu nennen wäre. (Vgl. über die Ordnungen der Individualität meinen »Grundriß der Philosophie als Bestimmungslehre« Seite 111 ff.

[13] Vgl. Schluß der Vorrede Descartes'.

[14] Die Bedeutung der Worte: Die Idee (oder Vorstellung) hat »objektive Realität«, wird in der französischen Ausgabe näher erläutert durch den Zusatz: »d. h. sie nimmt gleichsam symbolisch (auf vorgestellte Weise »par représentation«) teil an den Graden des Seins und der Vollkommenheit.« Im Anhang zu den Antworten auf die zweite Reihe von Einwänden (»Rationes ...«) definiert Descartes: »Unter der objektiven Realität einer Vorstellung verstehe ich das Wesen oder Sein des vorgestellten Gegenstandes, inwiefern es in der Vorstellung ist .... Alles was wir in den Gegenständen der Vorstellung wahrnehmen, ist in der Vorstellung selbst enthalten, und zwar objektiv, symbolisch (»par représentation«). Man könnte vielleicht objectivus hier mit »vergegenständlicht«, vielfach geradezu mit »vorgestellt« wiedergeben. Klare Rechenschaft über das Verhältnis von objektiver Realität zur Realität der Idee selbst und zur Realität des Gegenstandes hat sich Descartes nicht gegeben, was um so bedeutungsvoller ist, als der Gottesbe-

vollkommensten Ursache herrühren kann? – Dies erläutere ich in den Antworten durch den Vergleich mit einer sehr vollkommenen Maschine, deren Idee im Geiste eines Künstlers sich findet; wie nämlich das vorgestellte[15] Kunstwerk in dieser Idee irgend eine Ursache haben muß, nämlich die Kenntnisse dieses Künstlers oder eines anderen, von dem dieser die Idee empfing, so muß die Idee Gottes notwendigerweise Gott *selbst* zur Ursache haben.

In der *vierten* Betrachtung wird bewiesen, daß alles, was wir klar und deutlich erkennen, wahr sei, und zugleich wird gezeigt, worin das Wesen des Irrtums und der Unwahrheit besteht. Dies muß man unbedingt wissen, um sich des Vorausgegangenen vergewissern und das Nachfolgende verstehen zu können. Man beachte aber wohl, daß es sich hier keineswegs um die Sünde handelt oder um den Irrtum, den man beim Streben nach Gutem und Bösem begeht, sondern nur um den Irrtum, der bei Beurteilung von wahr und falsch vorkommt; auch beschäftigt uns hier nichts, was in das Gebiet des Glaubens und des praktischen Lebens gehört, sondern nur die spekulativen Wahrheiten, die wir durch das bloße natürliche Erkenntnisvermögen[16] erkennen.

In der *fünften* Betrachtung wird nicht nur das Wesen des Körpers im allgemeinen klargelegt: es wird auch das Dasein Gottes auf eine neue Art bewiesen, wobei aber vielleicht wieder einige Schwierigkeiten vorkommen, die später bei Beantwortung der Einwände ihre Lösung finden. Schließlich wird auch gezeigt, inwiefern selbst die Gewißheit geometrischer Beweise durch die Erkenntnis Gottes bedingt ist.

Endlich in der *sechsten* Betrachtung wird zwischen Verstand und Vorstellungsvermögen unterschieden und die Unterscheidungsmerkmale werden angegeben; es wird bewiesen, daß der Geist wirklich vom Körper verschieden ist, und es wird dargethan, daß er

---

weis, den Descartes in der dritten Betrachtung liefert, sich auf dieses Verhältnis gründet!

[15] »objectivum«

[16] Descartes nennt es stets »lumen naturale«, das »natürliche Licht«. Es steht im Gegensatz zur bloßen Erfahrung und zur Offenbarung, denen die Gebiete des praktischen Lebens und des Glaubens entsprechen, die Descartes hier und an anderen Stellen ausdrücklich von seiner Betrachtung ausschließt.

gleichwohl so eng mit jenem verbunden ist, daß er mit ihm ein einheitliches Ganzes bildet. Alle Irrtümer, die gewöhnlich aus den Sinnen hervorgehen, werden besprochen und die Mittel angegeben, sie zu vermeiden. Schließlich werden alle Gründe beigebracht, aus denen man auf das Dasein der körperlichen Dinge schließen kann; – nicht als ob ich dieselben für besonders wertvoll hielte, um gerade das zu beweisen, was sie beweisen: nämlich daß es in Wahrheit eine Welt giebt, daß die Menschen einen Leib haben und ähnliches, woran noch keiner mit gesundem Menschenverstande jemals im Ernste zweifelte; aber wenn man jene Gründe betrachtet, findet man, daß dieselben nicht so sicher und einleuchtend sind wie die, durch welche wir zur Erkenntnis unseres Geistes und Gottes gelangen, und daher sind diese die allergewissesten und klarsten, die im Bereich der menschlichen Erkenntnis vorkommen können. Dies allein zu beweisen aber ist die Absicht dieser Betrachtungen. Darum übergehe ich hier auch verschiedene andere Fragen, die gelegentlich in dieser Schrift Erwähnung finden.

Erste Betrachtung.

Woran man zweifeln kann.

Schon vor Jahren bemerkte ich, wie viel Falsches ich von Jugend auf als wahr hingenommen habe, und wie zweifelhaft alles sei, was ich später darauf gründete; darum war ich der Meinung, ich müsse einmal im Leben von Grund auf alles umstürzen und ganz von vorne anfangen, wenn ich je irgend etwas Festes und Bleibendes in den Wissenschaften aufstellen wolle. Dies schien mir aber eine ungeheure Aufgabe zu sein, und so wartete ich jenes reife, für wissenschaftliche Untersuchungen angemessenste Alter ab.

Darum habe ich so lange gezögert, daß ich jetzt eine Schuld auf mich laden würde, wenn ich die Zeit, die mir zum Handeln noch übrig ist, mit Zaudern verbringen wollte.

Das trifft sich nun sehr günstig. Mein Geist ist von allen Sorgen frei, und ich habe mir eine ruhige Muße verschafft. So ziehe ich mich in die Einsamkeit zurück und will ernst und frei diesen allgemeinen Umsturz aller meiner Meinungen unternehmen.

Dazu wird es indessen nicht nötig sein, daß ich von allen die *Falschheit* nachweise; dies könnte ich vielleicht niemals erreichen! Vielmehr rät uns schon die Vernunft, bei Ansichten, die nicht durchaus gewiß und unzweifelhaft sind, uns ebenso sorgfältig der Zustimmung zu enthalten, als bei solchen, die ganz sicher falsch sind, und so wird es, um alle von uns abzuweisen,[17] genügen, daß ich in jeder einzelnen einen Grund zum zweifeln finde. Auch braucht man sie darum nicht einzeln durchzugehen; das wäre eine endlose Arbeit! Vielmehr werde ich – da ja bei Untergrabung der Fundamente alles, was darauf gebaut ist, von selbst zusammenstürzt – sogleich die Grundlagen selbst angreifen, auf die alles sich stützte, was ich früher für wahr hielt.

---

[17] »Abzuweisen« – nicht aber gänzlich zu »verwerfen«, wie Kirchmann übersetzt; es handelt sich nur um ein »Nichtalsgewißannehmen«. Das ganz Sichere und Gewisse ist es, das Descartes sucht, indem er alles, was nicht ganz sicher ist, aus der Betrachtung ausscheidet, ohne es deshalb ein für allemal zu verwerfen. Hierin besteht eben die Eigenartigkeit der Descartes'schen Methode, die Wahrheit zu finden.

Alles nämlich, was ich bis heute für das Allerwahrste hingenommen habe, empfing ich unmittelbar oder mittelbar von den *Sinnen*; diese aber habe ich bisweilen auf Täuschungen ertappt, und es ist eine Klugheitsregel, niemals denen volles Vertrauen zu schenken, die uns auch nur ein einziges Mal getäuscht haben.

Indessen, wenn uns auch die Sinne zuweilen über kleine und ferner liegende Gegenstände täuschen, so ist doch vielleicht das meiste andere derart, daß ein Zweifel ganz unmöglich ist, wiewohl es auch aus den Sinnen herrührt, so z. B. die Wahrnehmung, daß ich hier bin, am Ofen sitze, meinen Winterrock anhabe, dies Papier hier mit den Händen berühre u. dgl. Wie könnte ich leugnen, daß diese Hände, dieser ganze Körper mein sind? – ich müßte mich denn mit gewissen Verrückten vergleichen, deren Gehirn ein hartnäckiger melancholischer[18] Dunst so schwächt, daß sie unbeirrt versichern, sie seien Könige, während sie gänzlich arm sind, oder sie tragen Purpur, während sie nackt sind, oder sie hätten einen Kopf von Thon oder seien ganz Kürbisse oder seien aus Glas geblasen. Allein das sind Wahnsinnige, und ich würde ebenso verrückt erscheinen, wenn ich auf mich anwenden wollte, was von ihnen gilt.

Trefflich fürwahr! Bin ich denn nicht ein Mensch, der nachts zu schlafen pflegt und dann alles das, und oft noch viel Unglaublicheres im Traume erlebt, wie jene im Wachen? Wie oft aber erst glaube ich nachts im Traume ganz Gewöhnliches zu erleben; ich glaube hier zu sein, den Rock anzuhaben und am Ofen zu sitzen – und dabei liege ich entkleidet im Bette!

Jetzt aber schaue ich sicherlich mit ganz wachen Augen auf dies Papier. Dies Haupt, das ich bewege, ist nicht vom Schlafe befangen. Mit Überlegung und Bewußtsein strecke ich diese Hand aus und habe Empfindungen dabei. So deutlich würde ich nichts im Schlafe erleben!

Ja, aber erinnere ich mich denn nicht, daß ich auch schon von ähnlichen Gedanken in *Träumen* getäuscht worden bin? – Während

---

[18] »Contumax vapor ex atra bile«, »der hartnäckige Dunst aus der schwarzen Galle«. Die schwarze Galle, μελαινα χολη wurde bekanntlich früher als Ursache des »melancholischen« Temperaments und gewisser Formen des Wahnsinns angesehen.

ich aufmerksamer hierüber nachdenke, wird mir ganz klar, daß ich nie durch sichere Merkmale den Schlaf vom Wachen unterscheiden kann, und dies macht mich so stutzig, daß ich gerade dadurch fast in der Meinung bestärkt werde, daß ich schlafe.

Wohlan denn! Ich schlafe, und unwahr sollen alle jene Einzelheiten sein: daß ich die Augen öffne, den Kopf bewege, die Hände ausstrecke, ja sogar, daß ich solche Hände, solch einen Körper habe! Gleichwohl aber müssen wir gestehen, daß uns im Schlafe gleichsam gewisse Malereien erschienen, die nur nach dem Vorbilde *wirklicher* Dinge gebildet werden konnten, und daß darum wenigstens Augen, Kopf, Hände und der ganze Körper, als Dinge überhaupt nicht in der Einbildung, sondern in Wirklichkeit existieren. Denn es können ja selbst die Maler nicht einmal dann, wenn sie Sirenen und Satirisken in den allerungewöhnlichsten Gestalten darzustellen suchen, diesen in jeder Beziehung neue Eigentümlichkeiten beilegen; sie verbinden vielmehr lediglich Glieder verschiedener Geschöpfe beliebig miteinander. Ja, selbst wenn sie sich vielleicht etwas so Neues ausdenken, daß man überhaupt nie Ähnliches gesehen hat, also etwas völlig Erdichtetes und Unwirkliches, so müssen doch sicherlich mindestens die Farben wirklich sein, mit denen sie dasselbe darstellen. Wenngleich daher auch Augen, Kopf, Hände und ähnliches, selbst als Dinge überhaupt, bloße Vorstellungen sein könnten, so muß man doch aus ganz demselben Grunde wie oben anerkennen, daß notwendigerweise wenigstens irgend etwas Anderes noch Einfacheres und Allgemeineres wirklich sein müsse, aus dem – gleich wie oben aus den wirklichen Farben – alle jene wahren oder falschen Bilder von Dingen gebildet werden, die in unserem Denken vorhanden sind. Solcher Art scheinen zu sein das Wesen des Körpers im allgemeinen und seine Ausdehnung, desgleichen die *Gestalt* der ausgedehnten Dinge, ferner die *Quantität* oder ihre Größe, und die *Zahl*; ebenso der *Ort*, wo sie sind, die *Zeit*, während der sie bestehen und Ähnliches.

Somit könnten wir hieraus wohl nicht mit Unrecht schließen, daß die Physik, die Astronomie, die Medizin und alle andere Wissenschaften, die von der Betrachtung der zusammengesetzten Körper abhängen, zwar ungewiß seien, während hingegen die Arithmetik, Geometrie und andere der Art, die lediglich die einfachsten und allgemeinsten Dinge behandeln, und sich wenig darum kümmern, ob dieselben in Wirklichkeit da sind oder nicht, etwas Sicheres und Unzweifelhaftes enthalten; denn ob ich nun schlafe oder wache: zwei und drei geben zusammen fünf, und das Quadrat hat nicht mehr als vier Seiten. Es scheint unmöglich, daß so offenbare Wahrheiten in den Verdacht der Falschheit geraten könnten.

Nun ist aber doch meinem Geiste eine gewisse althergebrachte Meinung eingeprägt, es gebe einen Gott, der alles kann; von dem sei ich, so wie ich da bin, geschaffen worden. Woher aber weiß ich, daß dieser es nicht etwa so eingerichtet hat, daß es überhaupt gar keine Erde, keinen Himmel, nichts Ausgedehntes, keine Gestalt, keine Größe, keinen Ort giebt, und daß trotzdem alles dies mir genau so wie jetzt da zu sein scheint?[19]   Ja, wäre es nicht sogar möglich, daß ich mich irre, so oft ich zwei und drei addiere, oder die Seiten des Quadrats zähle oder bei irgend etwas Anderem, womöglich noch Leichterem? ganz wie meiner Meinung nach andere bisweilen in Sachen irren, die sie aufs allergenaueste zu kennen meinen?

Vielleicht aber hat Gott gar nicht gewollt, daß ich solcher Täuschung anheimfalle! heißt er doch der Allgütige! – Allein wenn es seiner Güte widerspräche, mich so zu schaffen, daß ich *immer* getäuscht werde, so würde es auch mit seiner Güte unvereinbar scheinen, daß er mich *bisweilen* in Täuschungen geraten läßt; und doch ist letzteres unbestreitbar der Fall!

Vielleicht aber giebt es manche, die lieber einen so mächtigen Gott leugnen, als daß sie an die Unsicherheit aller anderen Dinge glauben. Wir wollen ihnen hier nicht entgegentreten und einmal zugeben, alles über Gott Gesagte sei bloße Erdichtung. Sie mögen nun annehmen, ich sei durch das Schicksal, den Zufall oder die natürliche Folge der Dinge oder sonstwie das geworden, was ich bin. Täuschung und Irrtum scheinen ja Unvollkommenheiten zu sein, und so wird es nur um so wahrscheinlicher sein, daß ich unvollkommen bin, und immer irre, je weniger jene einen allmächtigen Urheber meines Daseins annehmen. Gegen diese Gründe habe ich in der That nichts einzuwenden und bin schließlich zu dem Geständnis gezwungen, *daß man an allem, was ich einst für wahr hielt,*

---

[19] Die französische Ausgabe sagt: ... »und daß ich nichtsdestoweniger die Vorstellungen aller dieser Dinge habe und daß mir alles genau so da zu sein scheint, wie ich es sehe.«

zweifeln könne und zwar nicht aus Unbedachtsamkeit und Leicht-
sinn, sondern aus triftigen, wohlüberlegten Gründen. Will ich daher
etwas Sicheres finden, so muß ich mich bezüglich alles dessen künf-
tig ebenso sorgfältig der Zustimmung enthalten, als hätten wir es
mit offenbar Falschem zu thun. Doch es ist nicht genug, dies bloß
erkannt zu haben; ich muß es mir auch stets gegenwärtig zu halten
suchen, denn immer wieder kehren die gewohnten Meinungen
zurück und nehmen meinen leichtgläubigen Sinn selbst gegen meinen Willen ein, als sei er ihnen durch langen Verkehr und das Recht
engster Freundschaft verpflichtet. Ich werde es mir auch nie abge-
wöhnen, ihnen beizustimmen und zu vertrauen, so lange ich sie als
das hinnehme, was sie in der That sind, nämlich ein wenig zweifelhaft, wie wir gesehen, aber gleichwohl doch so glaubhaft, daß es
viel vernünftiger ist, ihnen zu trauen, als zu mißtrauen; darum
glaube ich wohl ganz richtig zu verfahren, wenn ich, um gerade das
Gegenteil zu erreichen, mich selbst einer Täuschung hingebe und
eine Zeitlang alle jene Meinungen für ganz falsch und erdichtet
annehme, bis schließlich das Gewicht der Vorurteile beiderseits
gleich ist und fürder keine üble Gewohnheit mehr mein Urteil von
der richtigen Auffassung der Dinge ablenkt. Ich weiß, daß daraus
inzwischen keine Gefahr und kein Irrtum entstehen wird und daß
ich mich nicht allzusehr dem Mißtrauen hingeben kann; es handelt
sich ja hier für mich nicht um ein Handeln, sondern nur um ein
Erkennen.

Ich will daher annehmen, daß zwar *nicht* der allgütige Gott, der
die Quelle der Wahrheit ist,[20] wohl aber irgend ein ebenso böser,
wie mächtiger und listiger Geist all sein Bestreben darauf richtet,
mich zu täuschen; ich will glauben, daß der Himmel, die Luft, die
Erde, die Farben, die Gestalten, die Töne und alles außerhalb von

---

[20] Kuno Fischer übersetzt offenbar widersinnig: »So will ich denn annehmen,
daß nicht der allgütige Gott die Quelle der Wahrheit sei, sondern irgend ein
böser und zugleich sehr mächtiger und listiger Dämon, der alle seine Kunst
daran gesetzt habe, mich in Irrtum zu stürzen.« – Es kann gewiß nicht Descartes'
Absicht sein, den Geist der Lüge als Quelle der Wahrheit anzunehmen! Vielmehr
ist im Gegenteil der Sinn: Gott sei die Quelle der Wahrheit, nicht aber des Luges
und Truges, der von einem Lügengeiste herrühre. Daher ist auch v. Kirchmanns
Übersetzung nicht ganz korrekt: »... daß nicht der allgütige Gott die Quelle der
Wahrheit ist, sondern daß ein boshafter Geist seine Kraft anwendet, um mich zu
täuschen.

uns nur das Spiel der Träume sei, durch die er meiner Leichtgläubigkeit nachstellt. Mich selbst will ich so ansehen, als hätte ich keine Hände, keine Augen, kein Fleisch, kein Blut noch irgend einen Sinn, sondern glaube dies bloß fälschlicherweise zu haben. Ich will hartnäckig in dieser Betrachtung verharren, und wenn es dann auch nicht in meiner Macht steht, etwas Wahres zu erkennen, so will ich wenigstens, soweit es an mir ist, mit festem Geiste mich vor Irrtum bewahren, und jener Betrüger, sei er noch so mächtig, noch so listig, er soll keinen Einfluß auf mich bekommen!

Aber dies Unternehmen ist mühevoll und eine gewisse Trägheit bringt mich zur Gewohnheit des täglichen Lebens zurück, und gleichwie ein Gefangener, der einmal im Schlafe eine erträumte Freiheit genoß, das Erwachen fürchtet, wenn er nachher zu merken beginnt, daß er träumt, und sich durch die schmeichlerischen Traumbilder noch eine Weile über seine Lage hinwegtäuscht, so kehre ich von selbst zurück zu den alten Meinungen und fürchte aufzuwachen, damit nicht der angenehmen Ruhe ein arbeitsvolles Wachen folge, welches fürder nicht in hellem Lichte, sondern in der undurchdringlichen Finsternis der einmal angeregten Schwierigkeiten verbracht werden muß.

Zweite Betrachtung

Das Wesen des menschlichen Geistes; es ist uns bekannter als der Körper.

Die gestrige Betrachtung hat mich in so mächtige Zweifel gestürzt, daß ich dieselben nicht mehr loswerden kann; und doch auch sehe ich keinen Weg zu ihrer Lösung! Mir ist, als sei ich unversehens in einen tiefen Strudel geraten und so herumgewirbelt, daß ich auf dem Grunde keinen Fuß fassen, aber auch nicht zur Oberfläche emporschwimmen kann.

Doch ich will den Mut nicht sinken lassen und noch einmal denselben Weg versuchen, den ich gestern gegangen war; ich will also alles aus dem Wege räumen, was auch nur den Schein eines Zweifels zuläßt, genau so, als hätte ich es für gänzlich falsch erkannt; ich will vorwärts dringen, bis ich etwas Gewisses erkenne, sollte es auch nur die Gewißheit sein, daß es nichts Gewisses giebt! Nur einen Punkt, der fest und unbeweglich sei, verlangte Archimedes, um die ganze Erde von ihrer Stelle zu bewegen; auch ich darf Großes hoffen, wenn ich auch nur das Geringste gefunden habe, das gewiß und unerschütterlich ist!

Ich nehme also an, alles, was ich um mich sehe, sei falsch; ich glaube, daß nichts von alledem, was mir meine trügerische Erinnerung vorführt, je existierte; ich habe überhaupt keine Sinne; Körper, Gestalt, Ausdehnung, Bewegung und Ort sind Chimären! – Was soll da noch wahr sein? Vielleicht dieses Eine, daß es nichts Gewisses giebt!

Aber sollte es denn wirklich nicht noch etwas Anderes von allem bereits Angeführten Verschiedenes geben, das auch nicht die geringste Möglichkeit zu einem Zweifel bietet?

Giebt es vielleicht einen Gott – oder wie ich ihn sonst nennen soll – der mir diese Gedanken einflößt? – Doch wozu soll ich dergleichen annehmen, da ich wohl auch selbst ihr Urheber sein könnte! – So wäre aber doch wenigstens Ich etwas?

Allein ich habe ja bereits geleugnet, daß ich irgend einen Sinn, irgend einen Körper habe! – Doch halt! Was folgt denn hieraus? Bin ich denn so sehr an den Körper und die Sinne gebunden, daß ich nicht auch *ohne* sie sein könnte?

Aber ich habe mir ja eingeredet, es sei gar nichts in der Welt, kein Himmel, keine Erde, kein Geist, kein Körper: also bin doch auch ich nicht da? – Nein, *ganz gewiß* war ich da, wenn ich mir dergleichen eingeredet!

Aber giebt es nicht irgend einen sehr mächtigen, sehr schlauen Betrüger, der mit Absicht mich immer täuscht –?

Ganz zweifellos bin aber eben darum auch ich, wenn er mich täuscht; mag er mich nun täuschen, soviel er kann, das wird er doch *nie* bewirken können, daß *ich nicht* sei, während *ich denke*, ich sei etwas! und nachdem ich so alles wieder und immer wieder erwogen habe, muß ich schließlich konstatieren, daß der Satz: »Ich bin, ich existiere« unbedingt *wahr* ist, so oft ich ihn ausspreche oder denke.

21

---

[21] Hiermit ist der erste gewisse Satz gefunden: »Ich bin«. In der That scheint es auf den ersten Blick, als könne es für uns nichts Unmittelbareres und Gewisseres geben, als unser eigenes Ich, unser Sein. Verfolgen wir aber einmal den Weg, den Descartes gegangen, um zum »Ich bin« zu gelangen! Descartes zweifelt an allem; nirgends bietet sich ihm ein fester Anhaltspunkt, soweit er auch ausschaut. Da richtet sich sein Blick, der bisher nur nach außen gerichtet war, nach innen. Hier findet er eine Quelle von Wahrheit!

So lange er an Dinge, die außer ihm lagen, dachte, konnte er in nichts einen ganz unmittelbaren Einblick bekommen. Die Dinge lagen eben außer ihm, und nur durch eine Reihe vermittelnder Faktoren, an deren absoluter Zuverlässigkeit er gerechte Zweifel hegte, gelangte er zu einer Vorstellung von den Dingen. Weiter hatte er nichts von den Dingen, als diese seine eigene Vorstellung, die von den Dingen selbst himmelweit verschieden sein konnte. Darum zweifelte er.

Nun hatte er aber doch einmal diese Vorstellungen. Sie waren ihm gegeben, und sollten ihm nichts nützen können zur Erkenntnis? Er sah doch ganz gewiß vielerlei, hörte Töne, fühlte auch Festes, Weiches, Warmes, Kaltes u.s.w. Das waren unumstößliche Thatsachen, und doch mußte er zweifeln, ob wirklich das Gesehene auch da sei, ob das Feste, Warme u.s.w. außer ihm vorhanden sei, oder ob es nur seine Existenz als Wahngebilde seiner Phantasie, in ihm selbst habe? – –

Aber in ihm selbst, in seinem Vorstellen, war es nun einmal.

Nun wandte sich Descartes' Blick nach innen! Er suchte ja nur etwas Gewisses, Sicheres. Einerlei, wo dies sich auch finde. Nun kam ihm zum klaren Bewußtsein, daß bei all seinem Zweifeln ein solch Gewisses ihm längst gegeben sei, nur merkte er es nicht, solange sein Blick nach außen gerichtet gewesen. Dieses

Ich bin mir aber noch nicht hinreichend klar darüber, wer denn ich bin – jenes »Ich«, das notwendig ist. Ich muß mich nun in acht nehmen, daß ich nicht etwa unvorsichtigerweise etwas Anderes für mich selbst halte, und so selbst in der Erkenntnis dessen in Irrtum gerate, was meiner Behauptung nach das Gewisseste und Klarste ist. Darum will ich mir einmal vergegenwärtigen, für was ich mich früher hielt, ehe ich auf diese Gedanken gekommen war. Von dieser Vorstellung meiner selbst will ich dann alles in Abzug bringen, was durch die schon angeführten Gründe auch nur im allergeringsten erschüttert werden kann, sodaß schließlich genau das allein übrig bleibt, was sicher und unerschütterlich ist.

Wofür also habe ich mich früher gehalten? – Für einen *Menschen* selbstverständlich! Was ist aber ein Mensch? Soll ich sagen: ein vernünftiges Tier? – Nein, denn dann müßte ich weiter fragen: was ist »Tier?« was ist »vernünftig?« und ich wäre von einer Frage zu mehreren und schwierigeren gelangt; ich habe auch keine Lust, meine Zeit mit derartigen Spitzfindigkeiten zu vergeuden. Hier will ich vielmehr darauf achten, was sich meinem Nachdenken ganz von selbst und natürlich darstellte, so oft ich mein eigenes Sein betrachtete.

Zuerst nun bemerkte ich, daß ich ein Gesicht, ferner Hände, Arme und diese ganze Gliedermaschine habe, wie man sie auch an einem Leichnam wahrnimmt; ich nannte sie »Leib«. Dann merkte ich, daß ich mich nähre, gehe, fühle und denke, und ich schrieb diese Tätigkeiten der »Seele« zu. Was aber diese Seele sei, bemerkte ich über-

---

unumstößlich Gewisse war nämlich sein Sehen, Hören, Fühlen, auch sein Zweifeln, kurz, sein Denken und Vorstellen. Wenn er überhaupt nicht sähe, hörte u.s.w. so könnte er ja gar nicht zweifeln, ob das Gesehene, Gehörte wahr sei. Überhaupt würde dann uns alles entschwinden, in ein vollkommnes Nichts übergehen. Wir könnten auch nicht sagen: »Ich bin«, denn dies »Ich« ist erst dadurch uns überhaupt gegeben, daß wir sehen, hören u.s.w., kurz, daß wir denken. In Wahrheit wäre also nicht das »Ich bin« als das Erste zu bezeichnen, was sich uns als gewiß darstellt, sondern das »Ich denke«, dem sich dann das »Ich bin« anschlösse. So verfährt auch Descartes in anderen Schriften gewöhnlich, und sein erster gewisser Satz bekommt dann die Form: »Ich denke, ich bin« oder auch: »Ich denke, also bin ich« (»Cogito, ergo sum«). (Ausführlich habe ich mich über die Bedeutung des Descartes'schen Fundamentalsatzes ausgesprochen in meiner Abhandlung: »Cogito, ergo sum«. Wiesbaden 1890.)

haupt nicht, oder ich stellte sie mir als irgend einen seinen Stoff vor, als einen Hauch, als Feuer oder Äther, der durch meine gröberen Bestandteile verbreitet sei. Bezüglich meines Körpers hingegen hatte ich nicht den geringsten Zweifel; ich glaubte sein Wesen genau zu kennen, und hätte ich es einmal zu beschreiben versucht, wie es meinem Geiste sich darstellt, so würde ich etwa so gesagt haben: »Unter ›Körper‹ verstehe ich alles, was durch eine Gestalt begrenzt und örtlich umschrieben werden kann; was den Raum so erfüllt, daß es von ihm jeden anderen Körper ausschließt; was durch Gefühl, Gesicht, Gehör, Geschmack, Geruch wahrgenommen werden und sich in verschiedener Weise bewegen kann, zwar nicht aus eigener Kraft, aber durch irgend ein anderes, mit dem es in Berührung kommt.« Meiner Meinung nach war nämlich das Vermögen der Selbstbewegung, sowie des Empfindens und Denkens in keiner Weise mit dem Wesen des Körpers vereinbar; ja, ich war geradezu überrascht, dergleichen Fähigkeiten in gewissen Körpern anzutreffen.

Nun aber, da ich annehme, irgend ein sehr mächtiger, und, wenn ich so sagen darf, boshafter Betrüger habe mich in allem, soweit es ihm nur irgend möglich war, irre geführt – kann ich mir dann auch nur noch das geringste von alledem zuschreiben, was ich zum Wesen des Körpers rechnete?

Ich sehe nach, bedenke mir's und überlege hin und her, aber nichts will sich mir zeigen und der fruchtlosen Wiederholung werde ich müde.

Was gilt nun aber von dem, was ich zum Wesen der Seele rechnete, zunächst von der Ernährung und dem Gehen? Offenbar bestehen auch diese bloß in der Einbildung, da ich ja gar keinen Körper habe! – Aber das Empfinden? – Auch dieses geschieht nur mit Hilfe des Körpers, und gar oft schien es mir ja auch im Traume, als empfinde ich, während ich nachher merkte, daß es nicht wahr sei! – Und schließlich das Denken? – Hier finde ich es: das *Denken* ist es; das Denken *allein* kann von mir nicht abgetrennt werden; ich aber *bin*, ich *existiere*, das steht fest!

---

[22] K. Fischer (und ganz ähnlich v. Kirchmann) übersetzt: »Hier finde ich: das Denken ist; das Denken allein kann von meinem Wesen nicht abgetrennt werden; ich bin, ich existiere: dieser Satz ist gewiß.« Dies trifft sehr schlecht den Sinn Descartes, der hier die Antwort findet auf die Frage: »Was ist es, das zu meinem Wesen gehört?« Unsere Übersetzung wird zudem auch durch die französische Ausgabe der »Betrachtungen« gerechtfertigt. Das »Ich« ist an und für sich ganz inhaltslos. Seine Bedeutung erhält es erst durch das Denken, auf Grund dessen wir überhaupt erst zu dem Ich gelangen, wie wir bereits oben bemerkten. Weil Descartes von vornherein gleich das »Ich bin« als das erste Gewisse hinstellte, war er genötigt, das Dazugehörige wieder dazu zu suchen. Er sucht zu der an sich leeren Form »Ich bin« wieder den Inhalt, den er oben außer acht gelassen. Er that dies mit offenbarer Absicht. Die Korrektheit der Darstellung leidet nicht wesentlich darunter, der Leser aber wird tiefer in die Bedeutung des Fundamentalsatzes eingeführt, der nunmehr erst in seinem ganzen Umfange uns entgegentritt: »Ich denke – ich bin!«

Unterziehen wir nun den Fundamentalsatz einer kurzen Prüfung!

Das erste Gewisse ist das »Ich denke« und damit zugleich das »Ich bin«. Der Begriff »denken« bedarf aber noch einer genaueren Bestimmung, um wirklich genau nur das unmittelbare und erste Gewisse zu bedeuten. Gewiß ist uns – so sagten wir in zu S. 33 – daß wir sehen, hören u. s. w. Nichts aber ist uns gewiß über das Wesen dieses Sehvorganges. Auch nichts ist gewiß über das Ding, welches wir zu sehen glauben. Gewiß ist nur, daß wir es sehen, oder daß es uns so zu Mute ist, als sehen wir, daß der gegenwärtige Zustand ein solcher ist, wie wir ihn als »Sehen« zu bezeichnen gewohnt sind. Gewisse Bestimmtheiten, die zusammen ein »Bild« (oder einen »Ton« u. s. w.) ausmachen, schweben uns vor, d. h. sie sind gegenwärtig, sie sind gegeben, und zwar so wie sie eben sind. Das nennen wir dann »Vorstellung« oder sonst wie. Was man aber weiter noch unter Vorstellung, Denken u. s. w. sich denken könnte, was über jenes bloße So- oder so-sein, jene ganz unmittelbaren gegenwärtigen Bestimmtheiten hinausgeht, alles das ist nicht absolut und in erster Linie gewiß! Unmittelbar gewiß ist nicht einmal das »Ich bin«. Erst wenn jene Bestimmtheiten thatsächlich gegeben sind, gelangen wir zum »Ich«; an sich wäre das Ich gänzlich inhaltsleer und bedeutungslos! Ohne die Beziehung auf das »Ich«, würden aber jene Bestimmtheiten niemals »Sehen« oder »Vorstellen«, »Denken« heißen können. Denn nur dadurch, daß ich mir die Bestimmtheiten zuschreibe, sage ich, »ich denke«. Da aber das Ich nicht unmittelbar gewiß ist, kann sonach auch das unmittelbar Gewisse nicht als Denken, Vorstellen u. s. w. bezeichnet werden! In der That vollzieht es sich auch in unserem Bewußtsein stets vermöge einer Vermittlung, nie unmittelbar, wenn wir dessen inne werden, daß wir vorstellen u. s. w. Zuerst sind stets, als schlechthinige beziehungslose Thatsachen die Bestimmtheiten gegeben, die erst durch einen besonderen Akt der Beziehung (oder Reflexion) als »Vorstellungen« selbst aufgefaßt werden. Dies wiederum ist nur möglich vermöge einer Gegensetzung (»Nicht-Ich« und »Ich«), ohne die jene Bestimmtheiten

Wie lange aber gilt dies? – Offenbar so lange ich denke, denn es könnte ja auch der Fall sein, daß ich ganz zu sein aufhörte, wenn ich überhaupt nicht mehr denke, und ich lasse jetzt nichts gelten, als was notwendig wahr ist!

Hiernach nun bin ich, genau genommen, lediglich denkendes Wesen,

---

ganz indifferent bleiben würden und nie irgendwie bezogen werden könnten (da keine Beziehungs richtung da wäre). Je nach der Beziehung der Bestimmtheiten aber (auf das Nicht-Ich oder das Ich) wird die Bestimmtheit als Bestimmtheit eines Dinges oder einer »Vorstellung« aufgefaßt. So sei z. B. die indifferente Bestimmtheit »weiß« gegenwärtig. Wird sie nach außen bezogen, so ist sie Eigenschaft eines Nicht-Ich; wir sagen »Ein Ding ist weiß«. Wird sie nach innen bezogen, so sagen wir: »ich habe die Vorstellung von weiß«. Unmittelbar gegeben ist aber lediglich die indifferente Bestimmtheit. Ich und Nicht-Ich, Ding und Vorstellung sind nur Beziehungsformen, die, um thatsächlich und gewiß werden zu können, eine Bestimmtheit voraussetzen. Nur indem eine Bestimmtheit nach innen bezogen wird, kann der Ich-gedanke praktisch vollzogen werden. Das sogenannte »reine Ich« ist nur eine Abstraktion aus der konkreten, bestimmten Ichbeziehung. Darum ist auch das Erste die Bestimmtheit; durch Beziehung geht aus dieser das »Ich stelle vor« hervor oder das »Ich denke«, und hieraus, durch Abstraktion, das »Ich« (»Ich bin«). Man sieht leicht, eben in jenem Beziehen der Bestimmtheiten besteht überhaupt erst das eigentliche »Vorstellen«! Wenn sich nun auch stets sofort an das Bestimmtsein sogleich ein Beziehen anknüpft, sodaß wir nie eine ganz beziehungslose, indifferente (gegenstandslose) Bestimmung dauernd ins Auge fassen können, so ist doch leicht einzusehen, daß doch in Wahrheit genau genommen das Erste und Unmittelbarste und Gewisseste die Bestimmung ist.

Das ist nun keineswegs bedeutungslos! Heben wir an mit einer Untersuchung der Bestimmung, so ergiebt sich uns daraus bald das Wesen jener Beziehung und Gegensetzung, wir vermögen einen tiefen Blick in das Wesen des Bewußtseins, des »Ich« und der Dinge außer uns zu thun. Es gelingt die Lösung von Problemen, die bisher die Metaphysik nicht einmal bestimmt ins Auge zu fassen gewagt hatte. Auch das innerste Wesen und die Entstehung von Raum und Zeit enthüllt sich vor uns und die obersten Grundlagen der Mathematik und der Mechanik werden unserem Verständnis erschlossen. Die ganze Wissenschaft schließt sich zusammen zu einem festen einheitlichen System.

Ich habe versucht, von diesem System einen Überblick zu geben in der Schrift: »Grundriß der Philosophie als Bestimmungslehre« (Wiesbaden 1890).

²³ d. h. Geist, Seele, Verstand oder Vernunft; lauter Bezeichnungen, die mir früher unbekannt waren! Aber ein *wirkliches* und wahrhaft *seiendes* Wesen bin ich!

Was denn nun aber für ein Wesen? Ich sagte ja: ein denkendes. Was aber weiter? Ich will meine Einbildungskraft anstrengen: jener Komplex von Gliedern, den man den menschlichen Leib nennt, bin ich nicht; auch bin ich nicht etwa ein feiner Dunst, der durch diese Glieder verbreitet ist, auch kein Wind, kein Feuer, kein Dampf, kein Hauch, oder was ich mir sonst erdichten und vorstellen könnte, denn alles dies habe ich ja gleich nichts gesetzt. Trotz alledem aber bleibt doch der Satz bestehen: Ich *bin etwas.*

Es wäre vielleicht nicht ausgeschlossen, daß eben das, was ich gleich nichts setze, weil ich es nicht kenne, in Wahrheit doch mit diesem mir bekannten »Ich« identisch ist –? Ich weiß es nicht, und streite nicht darüber; nur was mir *bekannt* ist, kann ich beurteilen; bekannt aber ist mir, *daß* ich bin, und ich frage mich: »*was* ist dieses Ich, von dem ich dies weiß?« Ganz sicher aber ist, daß die Kenntnis, die ich nun habe, in dieser strengen Fassung nicht abhängig gemacht werden kann von Dingen, deren Existenz ich noch *nicht* gewiß bin, *mithin von nichts, was meine Einbildungskraft* sich ausdenkt. Gerade dies Wort: sich »ausdenkt«, erinnert mich schon an den Fehler, den ich beging: denn ich würde mir in der That etwas *erdenken,* wenn ich mir irgend ein Vorstellungsbild von mir machte. Denn bildlich »vorstellen« heißt lediglich, die Gestalt oder das Bild eines körperlichen Gegenstandes betrachten; nun weiß ich aber bereits ganz *gewiß,* daß ich bin, und weiß gleichzeitig, daß möglicherweise alle jene Vorstellungsbilder, und überhaupt alles, was sich auf das Wesen des Körpers bezieht, bloße *Traumbilder* sein könnten; hiernach scheint es ebenso ungereimt, zu sagen: ich will durch mein

---

²³ Daß ich wirklich nichts weiter bin als ein bloß denkendes Wesen, will natürlich Descartes nicht behaupten; dies beweist er erst später. Hier wird nur gezeigt, daß wir nichts weiter unzweifelhaft uns zuschreiben dürfen als das Denken, alles andre aber von uns weggedacht werden kann.
Daß wirklich nur das Denken zu unserem Wesen gehört, beweist er mit Hilfe des Satzes, daß alles, was von dem Wesen eines Dinges weggedacht werden kann, in Wahrheit nicht zum Wesen des Dinges gehört. Dieser Satz wird aus dem Gottesbegriffe hergeleitet, der selbst wieder aus dem Denken entwickelt wird.

Vorstellungs- und Einbildungsvermögen genauer mein Wesen zu erkennen suchen, als wenn ich sagte: ich bin zwar schon erwacht und sehe auch bereits etwas Wirkliches; ich sehe es aber noch nicht deutlich genug, und will mich drum noch einmal schlafen legen, damit es mir im Traume wahrer und deutlicher erscheine!

So erkenne ich denn, *daß nichts von alledem, was ich mit Hilfe des Vorstellungsvermögens auffassen kann, zu jener Kenntnis gehört, die ich von mir habe, und mein Geist muß sich sorgfältigst davon abwenden, wenn er sein eigenes Wesen ganz genau erkennen will.*

Aber was bin ich denn nun? – Ein denkendes Wesen! Was bedeutet das? – Ein Wesen, das zweifelt, erkennt, bejaht, verneint, will, nicht will, auch vorstellt und empfindet.[24] – In der That, nicht wenig, wenn das alles zu meinem Wesen gehören soll!

Doch warum sollte es nicht dazu gehören? Bin ich es nicht selbst, der ich fast alles *bezweifle,* der ich aber doch immerhin Etwas *erkenne,* dies Eine *bejahe,* alles andere *verneine,* aber noch mehr erkennen *will,* und dabei *nicht will,* daß ich getäuscht werde, der ich mir selbst unwillkürlich vielerlei *vorstelle,* vieles aber auch *empfinde,* als käme es von den Sinnen her?

Giebt es hierbei etwas, das nicht genau ebenso wahr wäre als mein Sein? – selbst wenn ich immer träumte; selbst wenn der, der mich erschaffen, mich täuschte, soviel er vermag?

Ist denn alles dies etwas Anderes als mein Denken? Kann von alledem etwas *ohne* mein Ich gedacht werden?

Daß ich es bin, der da *zweifelt, erkennt, will,* das ist so offenbar, daß sich überhaupt nichts finden läßt, wodurch man es mehr verdeutlichen könnte! Ich bin aber ferner auch derselbe, der *vorstellt;* denn wenn vielleicht auch, wie ich einmal angenommen habe, gar kein

---

[24] Der scheinbare Widerspruch, daß Descartes oben, S. 36, das Empfinden als ungewiß vom Denken trennt, während er es hier zu den unmittelbar gewissen Denkvorgängen zählt, löst sich dadurch, daß Descartes das Empfinden in doppeltem Sinne versteht. Als Thätigkeit der Sinnesorgane – so ist es S. 36 zu verstehen – ist es ungewiß, weil der Körper überhaupt uns noch ungewiß ist. Hier aber redet Descartes – wie er sogleich weiter unten ausdrücklich betont – lediglich von der Empfindung, inwiefern wir uns gewisser Bestimmtheiten bewußt werden. Insofern handelt es sich dabei um unmittelbar gewisse Thatsachen, um ein Denken.

vorgestelltes *Objekt* wahr wäre, so besteht doch das Vorstellen *selbst* als ein *Vermögen*, das einen Teil meines Denkens ausmacht. Ebenso bin ich es auch endlich, der *empfindet*, oder der körperliche Gegenstände wahrnimmt, als ob er Sinn hätte. So sehe ich Licht, höre Geräusch, fühle Wärme.

Aber das ist ja nicht richtig; ich träume ja! Nun wohl, aber sicherlich ist mir doch so, als ob ich sehe, höre, warm werde; dies *kann* nicht falsch sein, dies ist es eigentlich, was in mir »Empfinden« heißt, und genau so in *dieser* Auffassung ist das Empfinden eben nichts Anderes als *Denken*.

Hiernach beginne ich schon etwas besser zu erkennen, was ich bin!

Es scheint mir aber doch noch – und ich kann mich der Meinung nicht erwehren – daß die körperlichen Gegenstände, deren Bilder sich im Denken gestalten, die von den Sinnen aufgefaßt werden, viel deutlicher erkannt werden als jenes Etwas in mir, das nicht vorstellbar ist. Wunderbar bleibt es allerdings, daß ich die Dinge, die mir als ungewiß, unbekannt, meinem Wesen fremd erscheinen, deutlicher erkenne als das Wahre, Bekannte: als mich *selbst*!

Doch ich sehe, wie die Sache sich verhalten mag. Meinem Geiste bereitet dieses Umherirren Freude; er will sich nicht in den Schranken der Wahrheit halten lassen! So sei es denn! wir wollen ihm noch einmal ganz die Zügel schießen lassen. Wenn wir sie nachher zur rechten Zeit wieder anziehen, wird er sich um so leichter lenken lassen.

Betrachten wir also jene Dinge, die man gewöhnlich am deutlichsten zu kennen meint, nämlich die Körper, die wir betasten und sehen, und zwar nicht die Körper im allgemeinen, denn solche Allgemeinvorstellungen pflegen etwas verworrener zu sein. Greifen wir vielmehr einen einzelnen speziellen Fall heraus. Nehmen wir z. B. dieses Wachs hier!

Erst ganz kürzlich ist es aus der Honigscheibe gewonnen worden. Noch hat es nicht allen Honiggeschmack verloren. Ein wenig hat es auch noch von dem Duft der Blumen, aus denen es gesammelt worden. Seine Farbe, seine Gestalt, seine Größe sind deutlich erkennbar. Es ist hart, kalt, man kann es leicht anfassen, und wenn man mit dem Knöchel darauf klopft, giebt es einen Ton von sich. Kurz, alles ist ihm eigen, was zur ganz deutlichen Erkenntnis eines Körpers erforderlich erscheint.

Doch sieh da! während ich rede, kommt es dem Feuer nahe; der Rest des Geschmacks vergeht; sein Geruch verduftet; seine Farbe ändert sich; seine Form verschwindet. Es nimmt zu an Größe, wird flüssig, wird heiß, kaum kann man es noch anfassen, und schlägt man darauf, so giebt es keinen Ton mehr!

Bleibt es nun noch ebendasselbe Wachs? – Ich muß gestehen, es bleibt dasselbe; niemand leugnet es, niemand ist andrer Meinung!

Was war denn nun aber an ihm, das so deutlich aufgefaßt wurde? – Sicherlich nichts von alledem, was ich mit den Sinnen erreichte, denn alles, was unter den Geschmack, den Geruch, das Gesicht, das Gefühl oder das Gehör fiel, hat sich jetzt geändert, das Wachs aber bleibt.

Vielleicht verhielt es sich so, wie ich jetzt denke: das Wachs selbst nämlich war nicht jene Süße des Honigs, nicht jener Blumenduft, jenes Weiß, jene Form, jener Ton: es war vielmehr ein *Körper*, der mir kurz vorher mit solchen, jetzt aber mit anderen Bestimmungen in meiner Vorstellung erschien.

Was ist nun aber ganz genau das, was ich hierunter mir zu denken habe? – Sehen wir zu! Entfernen wir alles, was zum Wesen des Wachses nicht gehört, und sehen zu, was übrig bleibt! – Es ist lediglich ein Ausgedehntes, Biegsames, Veränderliches.

Was ist aber »biegsam«, »veränderlich?« Etwa die Vorstellung, daß dies Wachs aus der runden Gestalt in eine viereckige, oder aus dieser in eine dreieckige gebracht werden kann? – Keineswegs! Denn, wie ich es auffasse, ist es *unzähliger* derartiger Umwandlungen fähig; unzählige aber kann ich mit meinem Vorstellungsvermögen nicht umfassen, und dieser Begriff kann mithin durch mein Vorstellungsvermögen *gar nicht vollzogen werden.*

Was ist ferner »ausgedehnt?« – Ist vielleicht sogar die *Ausdehnung* unbekannt? Im schmelzenden Wachs wird sie ja größer, im heißen noch mehr, und immer mehr, wenn die Hitze zunimmt. Ich würde also das Wesen des Wachses falsch beurteilen, wenn ich nicht annähme, daß es auch seiner Ausdehnung nach mehr Veränderungen zuläßt, als mein Vorstellungsvermögen je umfassen kann.

So muß ich schließlich gestehen, daß ich nicht einmal vorstellen kann, was dieses Wachs hier[25] ist, sondern dies rein geistig auffasse. Ich rede speziell von diesem Wachs hier; vom Wachs im allgemeinen ist es nämlich noch viel einleuchtender!

Was ist denn nun aber dieses Wachs, das man nur rein geistig erfassen kann? – Offenbar dasselbe, welches ich sehe, berühre, vorstelle; überhaupt dasselbe, das ich von vornherein annehme, aber, wohl zu bemerken, die Wahrnehmung desselben besteht nicht in einem Sehen, Berühren, Vorstellen, und bestand überhaupt nie darin, wenn mir es auch früher so vorkam; sie besteht vielmehr in einem bloßen *geistigen Einblick*, der unvollkommen und verworren sein kann, wie bisher, oder klar und deutlich, wie jetzt, je nachdem ich mehr oder weniger auf seine Bestandteile achte.

Hierbei setzt es mich nun in Verwunderung, wie sehr doch mein Geist zu Irrtümern hinneigt, denn wiewohl ich dies bei mir schweigend und ohne ein Wort zu reden überlege, hänge ich doch an den *Worten* und lasse mich vom Sprachgebrauch verleiten. Wir sagen nämlich, wir sehen das Wachs *selbst,* und daß es vorhanden ist, *urteilen* wir *nicht* erst aus seiner Farbe oder Gestalt. Hieraus könnte ich ohne weiteres schließen, das Wachs werde durch das Sehen des Auges, nicht aber durch die bloße Einsicht des Geistes erkannt. Da sehe ich aber zufällig von meinem Fenster aus die Leute auf der Straße vorübergehen; ich bin gewohnt, ganz ebenso wie vom Wachs zu sagen: ich *sehe* sie. Was *sehe* ich denn aber außer Hüten und Kleidern, unter denen auch Automaten stecken könnten? – Ich *urteile* aber, es seien Menschen.

So erfasse ich also das, was ich mit den Augen zu sehen meinte, in Wahrheit nur durch das *Urteilsvermögen,* welches meinem Geiste innewohnt.

Aber ich will doch weiser sein als die Menge! Fast schäme ich mich, einen Zweifelsgrund aus Redensarten herzuleiten, welche die

---

[25] Kirchmann übersetzt – wahrscheinlich durch ein Versehen (»vera« statt cera?) – »was das Wahre ist«. Hiermit läßt sich indessen nur schwer ein passender Sinn verbinden.

Menge erfunden hat! Fahren wir also fort, sehen wir zu, ob ich das Wesen des Wachses vollkommener und klarer erfaßte, als ich es zuerst erblickte und der Meinung war, ich erkenne es durch einen äußeren Sinn oder doch überhaupt in sinnlicher Weise, das heißt, durch das Vorstellungsvermögen; – oder ob dies erst jetzt der Fall ist, nachdem ich sorgfältiger untersucht habe, sowohl was es ist, als wie es erkannt wird. Hierüber kann gewiß kein Zweifel herrschen. Was war denn in jener ersten Auffassung Deutliches? Auch jedes Tier hätte solche Wahrnehmungen haben können! Wenn ich aber das Wachs von seinen äußeren Formen unterscheide und es gleichsam seiner Hülle entkleidet an sich betrachte, so kann ich es in der That nicht ohne den menschlichen Geist erfassen, wiewohl auch da noch ein Irrtum in meinem Urteil möglich ist.

Was soll nun aber von eben diesem Geiste, das heißt von *mir selbst* gelten (außer dem Geiste erkenne ich nämlich jetzt nichts mehr in mir an)? – Wie? Sollte ich, der ich dieses Wachs so deutlich zu erfassen scheine, sollte ich nicht *mich selbst* nicht nur viel wahrer und gewisser, sondern auch viel *deutlicher und klarer* erkennen? Denn, wenn ich urteile das Wachs *ist,* weil ich es sehe, so folgt sicherlich noch viel klarer auch mein *eigenes* Dasein daraus, daß ich das Wachs sehe. Denn es wäre ja möglich, daß das, was ich sehe, in Wirklichkeit gar kein Wachs ist; es wäre sogar möglich, daß ich nicht einmal Augen habe, um damit zu sehen; ganz und gar *unmöglich* aber ist es, daß ich, wenn ich sehe oder (was mir ganz dasselbe ist) wenn ich zu sehen denke – daß ich selbst, der ich denke, nicht irgend *etwas sei!* Ebenso, wenn ich urteile, das Wachs *sei,* weil ich es berühre, so folgt wiederum dasselbe, nämlich, daß ich bin; und ganz dasselbe ergiebt sich auch, wenn ich auf das Dasein des Wachses aus meinem Vorstellen oder aus irgend etwas anderem schließe. Ganz dasselbe aber, was ich vom Wachs bemerke, läßt sich auf alle anderen Dinge, die außer mir liegen, anwenden.

Ferner, wenn mir die Wahrnehmung des Wachses deutlicher erschien, als sie sich mir nicht nur durch das Gesicht oder das Gefühl allein kund gab, sondern in mehrfacher Weise, muß ich dann nicht zugeben, daß ich mich selbst nun noch um vieles deutlicher erkenne, da ja alles, was mir zur Kenntnis des Wachses oder irgend eines anderen Körpers verhelfen könnte, gleichzeitig noch viel besser das Wesen meines Geistes darthut?

Es giebt aber außerdem noch so vielerlei im Geiste selbst, wodurch man zu einer klaren Erkenntnis desselben gelangen kann, daß das, was wir von den Körpern herleiteten, kaum nennenswert erscheint.

Doch siehe, so bin ich schließlich ganz von selbst dahin gekommen, wohin ich wollte. Ich weiß jetzt, daß die Körper nicht eigentlich von den Sinnen oder von dem Vorstellungsvermögen, sondern von dem Verstande allein erfaßt werden, und zwar nicht, weil wir sie berühren und sehen, sondern lediglich, weil wir sie *denken*; und so erkenne ich denn, *daß ich nichts leichter und klarer aufzufassen vermag als meinen Geist.*

Alte Meinungen, an die man sich einmal gewöhnt hat, lassen sich aber nicht so ohne weiteres ablegen, und so will ich hier ein wenig Halt machen, damit sich diese neue Erkenntnis durch ein längeres Verweilen bei dieser Betrachtung meinem Gedächtnis um so tiefer einpräge.

Dritte Betrachtung.

Das Dasein Gottes.

Nun will ich meine Augen schließen, meine Ohren verstopfen, alle meine Sinne will ich abwenden, sogar die Bilder von körperlichen Gegenständen will ich alle aus meinem Denken vertilgen oder, da dies doch kaum möglich sein dürfte, will ich sie wenigstens als leere Trugbilder für nichts achten. Zu mir allein will ich reden und in mein Innerstes blicken, und mich so allmählich mit mir selbst bekannter und vertrauter zu machen suchen.

Ich bin ein Wesen, welches *denkt*, d. h. zweifelt, bejaht, verneint, einiges erkennt, vieles nicht weiß, will und nicht will, vorstellt und auch empfindet. Obwohl nämlich das, was ich denke oder vorstelle außer mir vielleicht nichts ist, so sind doch, wie ich bereits oben bemerkte, sicherlich jene *Denkweisen, die* ich Sinne und Vorstellungen *benenne*, insofern sie lediglich *als Denkweisen* gefaßt werden, etwas *Wirkliches* in mir.

Mit diesen wenigen Worten nun habe ich alles angeführt, was ich wirklich weiß, soweit mir wenigstens bis jetzt klar geworden ist, daß ich es weiß.

Nun will ich sorgfältiger um mich schauen, ob sich vielleicht noch anderes bei mir findet, das ich bisher unbeachtet ließ.

Ich bin *sicher*, daß ich ein denkendes Wesen bin; müßte ich denn also nicht auch wissen, was dazu *gehört*, daß ich einer Sache sicher bin?

Es ist doch in jener ersten Erkenntnis nichts Anderes enthalten als eine klare und deutliche Auffassung dessen, was ich behaupte. Diese aber könnte offenbar nicht genügen, mich der Wahrheit eines Gegenstandes zu vergewissern, wenn es überhaupt möglich wäre, daß etwas, das ich so klar und deutlich einsehe, *nicht* wahr sei. Somit darf ich wohl als allgemeine Regel festhalten: »*Wahr ist alles das, was ich ganz klar und deutlich einsehe.*«

Allein ich habe ja früher vieles als ganz gewiß und offenbar gelten lassen, und fand nachher doch, daß es ungewiß sei. Was war denn dies? Es war Erde und Himmel, die Sterne und alles andere, das ich mit den Sinnen erfaßte.

Was aber war mir denn dabei so klar? – Offenbar nur, daß dergleichen Vorstellungen oder Gedanken meinem Geiste sich darstellten.

Daß jene Vorstellungen in mir stattfinden, das leugne ich ja auch jetzt nicht. Es war aber noch etwas Anderes, das ich behauptete und so zu glauben gewohnt war, daß ich es sogar deutlich wahrzunehmen meinte, während ich es in der That doch nicht wahrnahm: nämlich das Dasein von Dingen außer mir, von denen jene Vorstellungen ausgingen und denen dieselben ganz ähnlich wären. Hierin aber irrte ich entweder, oder, *falls ich recht hatte, ergab sich mir dies sicherlich nicht kraft meiner Wahrnehmung.*

Wie verhielt es sich aber, wenn ich in der Arithmetik oder Geometrie irgend etwas ganz Einfaches und Leichtfaßliches betrachtete, wie z. B. daß zwei und drei zusammen fünf giebt und dergleichen? Solche Sätze wenigstens sah ich doch wohl klar genug ein, um behaupten zu können, sie seien *wahr?* – Allerdings erklärte ich sie später auch nur aus dem einzigen Grunde für zweifelhaft, weil mir in den Sinn kam, es hätte vielleicht ein Gott mich so schaffen können, daß ich selbst in den scheinbar handgreiflichsten Dingen mich meiner Natur nach in Irrtum befinde. So oft diese vorgefaßte Meinung von Gottes Allmacht mir aufstößt, muß ich allerdings gestehen, daß Gott, wenn er nur wolle, mich leicht könne irren lassen, selbst in Dingen, die ich mit meinen geistigen Augen aufs klarste zu sehen meine. Wende ich mich dann aber den Dingen selbst zu, die ich so ganz klar wahrzunehmen glaube, so werde ich jedesmal so ganz von der Wahrheit durchdrungen, daß ich unwillkürlich in die Worte ausbreche: »täusche mich einer, wenn er es vermag! *das wird er doch niemals zu Wege bringen, daß ich nichts bin, während ich denke ich sei etwas!* oder daß es je wahr wäre, daß ich nie gewesen, da ich doch nun *wirklich* bin; – oder auch, daß zwei und drei zusammen mehr oder weniger als fünf sei u. dgl., denn darin erkenne ich einen offenbaren *Widerspruch.*«

Da ich nun aber sicherlich keine Veranlassung zu der Annahme habe, es sei ein Gott, der mich *täuscht;* ja, da ich nicht einmal sicher weiß, ob es überhaupt einen Gott giebt, so ist ein Zweifel, der sich lediglich auf diese Annahme stützt, sehr schwach und sozusagen metaphysisch begründet. Doch auch diesen letzten Zweifel will ich beseitigen und muß daher, sobald sich Gelegenheit dazu bietet, untersuchen, ob ein Gott ist, und, falls er ist: ob er ein Betrüger sein kann. Solange ich nämlich *dies* nicht weiß, kann ich wohl überhaupt über nichts jemals Gewißheit erlangen![26]

Doch um den Verlauf der Untersuchung nicht zu unterbrechen, dürfte es zunächst angemessen sein, alle Gedanken in gewisse Gattungen einzuteilen und festzustellen, worin Wahrheit und Irrtum eigentlich besteht.

Gewisse Gedanken nun sind gleichsam Bilder von Dingen, und diesen allein kommt eigentlich der Name »*Vorstellung*« zu; so z. B. wenn ich mir einen Menschen, eine Chimäre, den Himmel, einen Engel oder Gott denke.

Andere Gedanken haben außerdem noch eine andere Form. Wenn ich z. B. will, wenn ich fürchte, bejahe, verneine, so denke ich mir zwar stets ein Etwas, das diesem Denken zu Grunde liegt, aber ich denke mir noch etwas mehr dabei als ein bloßes Bild von jenem

---

[26] Somit ist selbst die Gewißheit des Satzes des Widerspruchs und die Gewißheit des »Ich bin« bedingt durch die Erkenntnis Gottes. Da diese aber von dem vorausgegangenen Ungewissen abhängig ist, sollte man meinen, sie könnte selbst nie gewiß werden oder gar das Ungewisse, aus dem sie selbst hervorgeht, gewiß machen. Man hat darum Descartes vorgeworfen, er bewege sich im Kreise; sein System gründe sich in letzter Linie auf einen Zirkelschluß. Formal ist das bis zu einem gewissen Grade zutreffend. Einen Vorwurf wird aber nur derjenige darin erblicken, der das Wesen philosophischer Systeme ganz und gar verkennt. Die letzte Stütze eines Systems muß stets im Systeme selbst liegen. Das Zusammengehen aller Teile zu einem großen, einheitlichen, abgeschlossenen, festgefugten Ganzen ist es, was dem System Gewißheit giebt. Eins fordert das andere; das andere fordert das erste. Für sich wäre weder das eine noch das andere in jeder Beziehung klar und gewiß: zusammengefügt ergänzen und stützen beide sich und werden über allen Zweifel erhaben. Das »Ich bin« ist zwar ganz sicher wahr. Es bleibt aber die Forderung – solange das System noch nicht geschlossen – daß diese Wahrheit durch die Gottesidee bestätigt werde, wenn wir voll befriedigt sein sollen. Die Gottesidee, durch das Ich (einerlei ob dies gewiß oder ungewiß ist) involviert, wird aus diesem entwickelt, die Forderung wird erfüllt, und dadurch beide – Gott und ich – gleichzeitig vollkommen klar und gewiß. Ein »Zirkel« liegt hier nicht vor! – »Ich« und »Gott« sind gleichsam die beiden »Pole« des Descartes'schen Systems. Vgl. auch S. 52 u. S. 60.

Etwas. Solche Gedanken sind einmal die sogenannten *Begehrungen* oder Affekte, dann die *Urteile.*

Was nun die Vorstellungen anbetrifft, so können sie eigentlich nicht falsch sein, wenn man sie nur an sich betrachtet und auf nichts anderes bezieht. Ob ich eine Ziege oder eine Chimäre mir vorstelle: daß ich es *vorstelle,* ist im einen Fall ebenso wahr wie im andern!

Auch beim Willen und den Affekten brauche ich keinen Irrtum zu fürchten, denn wenn ich auch Schlechtes oder ganz und gar Unmögliches wünschen kann, so bleibt es darum doch immer wahr, daß ich solches begehre.

So bleiben nur die *Urteile* allein, bei denen ich mich vor Irrtum hüten muß.

[27] Der hauptsächlichste und häufigste Irrtum aber, den man in ihnen finden kann, besteht darin, daß ich meine, die Vorstellungen, die in mir sind, seien gewissen Dingen *außer mir* ähnlich und entsprechend. In der That, wenn ich die Vorstellungen nur als gewisse Arten meines Denkens betrachten und auf nichts Anderes beziehen

---

[27] Es ist klar, daß in demselben Sinne, in dem die Vorstellungen und Begehrungen als wahr bezeichnet werden, auch die Urteile wahr sind: mag das, was ich urteile, noch so verkehrt und so falsch sein, so bleibt es doch stets gewiß, daß ich so oder so urteile! Die Urteile sind an sich, ihrem Wesen nach genau ebenso wahre Gedanken, wie die Vorstellungen und Begehrungen. Ihrem Inhalte nach aber können sie ebensogut Falsches zum Gegenstände haben, wie die Vorstellungen und die Begehrungen! Die Descartes'sche Einteilung ist daher nicht ganz korrekt gewählt. Alle Gedanken sind als solche für sich betrachtet wahr; sie sind schlechthin gegebene Thatsachen; ihrem Inhalte nach aber, – d.h. wenn sie auf einen Gegenstand bezogen werden, mit einem anderen in Verbindung gebracht werden – sind sie dem Irrtum ausgesetzt, indem die Frage entsteht: sind die Bestimmtheiten wirklich da, wohin sie unser Denken bezieht? Will man nun dieses »Beziehen« und »in Verbindung bringen« als Urteilen bezeichnen, so sind allerdings die »Urteile« dem Irrtum ausgesetzt, wie Descartes sagt. Sie dürfen aber insofern nicht mit den an sich wahren Bewußtseinsthatsachen in eine Reihe gestellt werden, sondern sind eine über diese hinausgehende Thätigkeit, die natürlich für sich als solche ebenfalls sich als schlechthinige Thatsache darstellt. Es ist dann auch zu beachten, daß jede eigentliche Vorstellung eines Gegenstandes schon implicite ein solches Urteil enthält, welches, wenn man die Vorstellung lediglich als Denkweise betrachtet, nur durch ein zweites Urteil in gewisser Weise eingeschränkt wird.

würde, so könnten sie mir kaum irgend einen Stoff zum Irrtum geben.

Von diesen Vorstellungen nun sind die einen, dem Anscheine nach, mir *angeboren*, andere sind mir von *außen gekommen*, andere aber habe ich mir selbst gebildet. Wenn ich erkenne, was »Ding«, »Wahrheit«, »Denken« ist, so kann ich dies wohl lediglich aus meinem eigenen Wesen schöpfen. Höre ich dagegen ein Geräusch, sehe ich die Sonne, fühle das Feuer, so meinte ich bisher, dies käme von Dingen außer mir. Vorstellungen aber wie Sirenen, Hippogryphen u.dgl. bilde ich mir selbst. Doch ich könnte auch annehmen, *alle* Vorstellungen kämen von außen, oder alle seien mir angeboren, oder alle seien von mir gebildet; noch habe ich ja ihren wahren Ursprung nicht klar erkannt!

Doch hier handelt es sich vorzüglich um diejenigen, welche ich als entlehnt von Dingen außer mir ansehe, und es fragt sich: was veranlaßt mich, diese Vorstellungen für Abbilder von Dingen zu halten?

Die Natur scheint es mich eben so gelehrt zu haben. Zudem erwarte ich auch, daß diese Vorstellungen nicht von meiner Willkür, mithin nicht von *mir*, abhängen, denn oft habe ich sie selbst gegen meinen Willen. So empfinde ich Wärme, ob ich nun will oder nicht; darum glaube ich, die Wärme-Empfindung oder Vorstellung komme mir von etwas, das von mir ganz verschieden ist, von der Wärme des Feuers, bei dem ich sitze; was ist dann aber näherliegend als die Meinung, jenes Ding sende mir eher Seinesgleichen zu als etwas Anderes?

Wenn ich hier sage: »die *Natur* hat es mich so gelehrt,« so meine ich damit nur, ein unwillkürlicher *Trieb* bringe mich zu diesem Glauben, nicht aber ein natürliches *Erkenntnis*vermögen[28] stelle es mir als wahr hin. Das sind zwei sehr verschiedene Dinge! Was mir nämlich durch das natürliche Erkenntnisvermögen einleuchtet (wie z.B. der Satz, daß aus meinem Zweifeln mein *Sein* folgt und Ähnliches), das kann in keiner Weise zweifelhaft sein, weil es kein anderes Vermögen geben kann, dem ich so, wie jenem Lichte der Er-

---

[28] »lumen naturale«.

kenntnis vertraue, oder das mir klar machen könnte, es sei nicht *wahr*, was ich vermöge jenes Lichtes erkenne.

[29] – Was aber die natürlichen *Triebe* anlangt, so habe ich schon früher oftmals gefunden, daß ich von ihnen zum Schlechten angetrieben wurde, wenn es sich darum handelte, das Gute zu erwählen; und ich sehe nicht ein, warum ich ihnen in anderen Dingen mehr Vertrauen schenken soll.

Wenn nun aber auch jene Vorstellungen unabhängig sind von meinem Wollen, so ist damit noch nicht gesagt, daß sie von außer mir liegenden Dingen herkommen. Gleich wie die oben erwähnten Triebe wohl *in mir* sind, aber gleichwohl von meinem Wollen verschieden zu sein scheinen, so könnte es wohl auch ein anderes mir nur noch nicht hinreichend bekanntes Vermögen in mir geben, das jene Vorstellungen hervorbringt. So habe ich es ja bisher auch schon immer beobachtet, daß im Schlafe ohne irgend welches Zuthun äußerer Dinge Vorstellungen in mir entstehen!

---

[29] Dieses »Licht«, das uns die Wahrheit der Sätze, wie: »ich zweifle, also bin ich«, unmittelbar verbürgen soll, spielt eine eigentümliche Rolle in der Descartes'schen Philosophie. Descartes giebt keine näheren Erläuterungen über die Bedeutung dieses Lichtes, auf das er sich später häufig beruft. Er setzt damit ein Wort an die Stelle des Beweises, um wenigstens die Frage nach dem »Warum?« nicht ganz unbeantwortet zu lassen in Fällen, wo ein Beweis thatsächlich nicht mehr möglich ist, wo es sich um eine einfache, unmittelbare Einsicht handelt. Eine seiner hinterlassenen unvollendet gebliebenen Schriften trug den eigentümlichen Titel: »Erforschung der Wahrheit mit Hilfe des natürlichen Lichtes«. Bemerkenswert ist übrigens, daß Descartes jetzt dem »ich denke, ich bin« vollkommenste Gewißheit vermöge des natürlichen Lichtes zuschreibt, während er oben erklärte, noch einen Zweifel an der Wahrheit dieses Satzes beseitigen zu müssen. Nach unserer an jener Stelle gegebenen Erläuterung kann dies nicht als ein Widerspruch angesehen werden. Das »natürliche Licht« zeigt uns, daß jener Satz der wahrste und sicherste ist. Wir können daran keinen realen, wirklichen Zweifel hegen. Theoretisch aber, formal, ist es stets möglich, zu sagen, ich zweifle, also einen Zweifel zu fingieren. Um einen solchen fingierten Zweifel handelte es sich an jener Stelle. Descartes nannte ihn einen »metaphysischen« Zweifel. Er stützte sich darauf, daß es doch möglich sei, daß wir notwendig stets irrende Wesen seien, und daß es ein Irrtum sei, wenn ich zu sein glaube. Das ist eine Fiktion, die wir niemals wirklich glauben können, die den Thatsachen unseres Bewußtseins widerspricht. Um aber selbst diesem Zweifelsgrund den Boden zu entziehen, untersucht Descartes das Wesen Gottes.

Selbst wenn aber schließlich auch die Vorstellungen von äußeren Dingen herrührten, so folgt daraus doch noch nicht, daß sie jenen Dingen auch *ähnlich* sein müßten; meine ich doch vielmehr häufig gerade hier einen großen Unterschied angetroffen zu haben. So finde ich in mir beispielsweise zwei verschiedene Vorstellungen von der Sonne. Die eine hat ihren Ursprung in den Sinnen und ist hauptsächlich zu jenen zu rechnen, die ich meiner Meinung nach von außen erhalte; nach dieser Vorstellung erscheint mir die Sonne *sehr klein*. Die andere Vorstellung habe ich aus astronomischen Beweisen gewonnen, d.h. ich habe sie aus gewissen mir angeborenen Begriffen heraus entwickelt oder in irgend einer anderen Weise gebildet; hiernach stellt sich die Sonne *vielmal größer als die Erde* dar. *Beide* Vorstellungen können aber der einen außer mir befindlichen Sonne nicht ähnlich sein, und die Vernunft sagt mir, daß gerade diejenige ihr am unähnlichsten ist, die doch am allerunmittelbarsten von der Sonne selbst herzukommen schien!

Aus alledem geht zur Genüge hervor, daß nicht ein sicheres Urteil, sondern nur ein blinder Trieb mich zu der Meinung veranlaßte, es gebe Dinge, die von mir verschieden sind und mir Vorstellungen oder Bilder von sich durch Vermittlung der Sinnesorgane oder auf andere Weise zusenden.

Es zeigt sich mir aber noch ein anderer Weg, um festzustellen, ob einige von den Dingen, deren Vorstellungen ich in mir habe, auch außer mir existieren. Inwiefern nämlich jene Vorstellungen lediglich gewisse Arten des Denkens sind, finde ich zwischen ihnen keinen Unterschied und alle scheinen in gleicher Weise aus mir hervorzugehen. Insofern aber die eine dies, die andere das darstellt, sind sie offenbar sehr verschieden voneinander. Ohne Zweifel sind die, welche Substanzen darstellen, in gewisser Beziehung mehr; sie enthalten sozusagen mehr objektive Realität[30] in sich als die, welche nur Eigenschaften oder Accidenzen darstellen; und wenn ich einen höchsten Gott vorstelle, der ewig, unendlich, allweise, allmächtig und der Schöpfer aller Dinge ist, die außer ihm sind: so hat wiederum diese Vorstellung mehr objektive Realität in sich als die, welche endliche Substanzen darstellen.

---

[30] Vgl. die S.22. Auch hier hat die französische Ausgabe denselben Zusatz, wie an jener Stelle.

Nun sagt uns aber unser natürliches Erkenntnisvermögen, daß in der ganzen wirkenden Ursache mindestens ebensoviel Realität enthalten sein muß, als in der Wirkung ebendieser Ursache. Woher könnte denn die Wirkung anders ihre Realität empfangen, als von der Ursache? und wie könnte die Ursache diese geben, wenn sie sie nicht selbst hätte?

Daraus aber ergiebt sich, daß weder etwas aus Nichts entstehen kann, noch ein Vollkommneres (d.h. mehr Realität Enthaltendes) aus einem Unvollkommneren. Und das gilt offenbar nicht nur für diejenigen Wirkungen, deren Realität eine aktuale oder formale ist, sondern auch für die *Vorstellungen,* bei denen nur eine objektive Realität in Betracht kommt.[31] Das heißt also, es ist ganz unmöglich, daß beispielsweise ein Stein, der bisher nicht da war, jetzt zu sein anfange, es sei denn, daß er von etwas Anderem ins Dasein gerufen wird, in dem das ganze Sein, das im Steine gesetzt wird, entweder im gleichen oder in höherem Grade[32] enthalten ist, ebenso wie es auch unter anderem unmöglich ist, daß einem Dinge, das bisher nicht warm war, Wärme zugeführt werde außer von einem anderen Dinge, das mindestens auf derselben Seinsstufe steht, wie die Wärme. Ich konnte aber auch nicht einmal die *Vorstellung* der Wärme oder des Steines haben, wenn sie nicht durch eine Ursache in mir hervorgerufen ist, die mindestens ebensoviel Realität enthält, als ich im Steine oder in der Wärme vorstelle.

Zwar geht nichts von der aktualen oder formalen Realität der Ursache in meine Vorstellung über, man darf aber darum doch nicht glauben, diese Vorstellung müsse darum weniger real sein, vielmehr bedarf die Vorstellung *an sich* ihrem Wesen nach keiner anderen *formalen* Realität außer der, die sie von meinem Denken entlehnt, dessen Modus sie ist. Damit aber diese Vorstellung gerade diese oder jene *objektive* Realität enthalte und nicht eine andere,

---

[31] Unter »aktualer« oder »formaler« Realität ist die wirkliche Seinsfülle eines Gegenstandes zu verstehen im Gegensatz zur »objektiven« Realität, welche bloß die in der Vorstellung symbolisierte Realität eines vorgestellten Gegenstandes bedeutet. Die Ausdrücke rühren aus der aristotelisch-scholastischen Philosophie her und decken sich ihrem Sinne nach nicht mehr mit den heutigen gleichlautenden Benennungen. – »Formal« heißt jene wirkliche Realität, weil man das Prinzip des wirkenden Seins als »formal« bezeichnete.

[32] »vel formaliter vel eminenter«.

dazu bedarf sie einer Ursache, die wenigstens ebensoviel formale Realität besitzt, als sie selbst an objektiver Realität enthält.

Denn gesetzt den Fall, in der Vorstellung finde sich etwas, das in ihrer Ursache nicht war, so hätte sie es folglich von *nichts*. So unvollkommen nun auch jene Seinsweise sein mag, durch die ein Ding im Geiste durch die Vorstellung vergegenständlicht ist, so ist sie sicherlich doch nicht völlig gleich Null und kann daher auch nicht aus Nichts hervorgehen.[33]

Da die Realität, die ich in meinen Vorstellungen anschaue, nur eine objektive ist, so könnte man meinen, dieselbe Realität brauche nicht formal in den Ursachen jener Vorstellungen zu sein, es genüge, wenn sie in ihnen ebenfalls objektiv sei. Doch diese Annahme ist unzulässig; denn wie die objektive Seinsweise den Vorstellungen ihrem Wesen nach entspricht, so entspricht die formale Seinsweise den *Ursachen* der Vorstellungen, deren Natur gemäß; wenigstens den ersten und hauptsächlichsten Ursachen. Es kann ja wohl auch eine Vorstellung aus einer anderen hervorgehen, aber ohne Ende kann das nicht fortgehen; schließlich muß man doch bei einer ersten Vorstellung ankommen, deren Ursache gleichsam das Original ist, in dem alle Realität formal (wirklich) enthalten ist, die sich in der Vorstellung nur objektiv findet.

So leuchtet mir nun vermöge meiner natürlichen Erkenntniskraft ein, daß meine Vorstellungen gleichsam Bilder sind, die zwar leicht hinter der Vollkommenheit der Dinge, von denen sie herrühren, zurückbleiben, niemals aber Größeres oder Vollkommneres[34] als jene enthalten können.

Je länger und sorgfältiger ich dies alles prüfe, um so klarer und deutlicher sehe ich seine Richtigkeit ein. Was folgt nun aber schließlich daraus?

Wenn die objektive Realität einer von meinen Ideen so groß ist, daß sie mit Gewißheit weder mit demselben noch mit einem höhe-

---

[33] Bezüglich des Verhältnisses der wirklichen Seinsfülle der Ursache der Vorstellung zur vorgestellten Seinsfülle des Gegenstandes der Vorstellung, beweist obiges Argument nicht das geringste. Der Descartes'sche Satz (auf den sich sein Gottesbeweis stützt) ist durchaus unbegründet.

[34] D.h. mehr Realität Enthaltendes. Vgl. S. 55.

ren Grade von Realität in mir enthalten sein und ich selbst mithin nicht ihre Ursache sein kann, so folgt daraus notwendig, *daß ich nicht allein in der Welt bin; es muß noch etwas Anderes existieren, das die Ursache jener Vorstellung ist.* Findet sich in mir aber keine solche Vorstellung, so hätte ich gar keinen Grund, der mich der Existenz eines Wesens außer mir versicherte. Ich habe mich ja aufs sorgfältigste nach allem umgeschaut, konnte aber bis jetzt nichts anderes finden!

Unter meinen Vorstellungen nun – außer der von mir selbst, die uns hier keine Schwierigkeiten bereitet – befindet sich eine, die Gott, andere, die Körper und leblose Wesen, wieder andere, welche Engel, dann solche, die Tiere und schließlich solche, die Menschen meinesgleichen vorstellen.

Was die Vorstellungen von anderen Menschen, von Tieren und von Engeln anbetrifft, so erkenne ich leicht, daß dieselben aus denen, die ich von mir, den Körpern, und Gott habe, sich bilden lassen, selbst wenn es außer mir weder Menschen noch Tiere noch Engel in der Welt gäbe.

In den Vorstellungen von *Körpern* aber findet sich nichts, das so viel Realität besäße, daß es nicht auch aus mir selbst hätte hervorgehen können. Denn wenn ich genauer zusehe und sie einzeln prüfe, wie ich gestern die Vorstellung des Wachses prüfte, so bemerke ich nur Weniges, das ich an ihnen klar und deutlich auffasse, nämlich die Größe oder die Ausdehnung in Länge, Breite und Tiefe, ferner die Gestalt, die durch die Begrenzung der Ausdehnung entsteht; die Lage, welche verschiedene Gestaltungen gegeneinander einnehmen, und die Bewegung, oder die Veränderung dieser Lage. Man könnte noch hinzufügen Substanz, Dauer und Zahl. Alles übrige aber, wie Licht und Farben, Töne, Gerüche, Geschmack, Wärme und Kälte sowie die anderen fühlbaren Eigenschaften denke ich nur ganz verworren und dunkel, und weiß darum auch nicht, ob sie wahr oder falsch sind, d. h. ob die Vorstellungen, die ich von ihnen habe, Vorstellungen von Dingen oder von Nichtdingen sind. Wiewohl nämlich, wie ich kurz vorher bemerkte, die eigentliche oder *formale* Falschheit nur in *Urteilen* anzutreffen ist, so giebt es doch auch eine *materiale* Falschheit in den Vorstellungen, wenn sie nämlich ein Nichtding als Ding vorstellen.

So sind beispielsweise die Vorstellungen von Wärme und Kälte so wenig klar und deutlich, daß ich aus ihnen nicht entnehmen kann, ob die Kälte nur ein Mangel an Wärme ist, oder die Wärme ein Mangel an Kälte, oder ob beides wirkliche Eigenschaften sind, oder keines von beiden. Da nun aber alle Vorstellungen nur Vorstellungen von Dingen sein können, so würde die Vorstellung, die mir die Kälte als etwas Wirkliches und Positives hinstellt, nicht mit Unrecht falsch genannt werden, falls wirklich Kälte lediglich Wärmemangel wäre. Entsprechendes gilt in den anderen Fällen.[35]

Hiernach nun ist es in der That nicht nötig, für diese Vorstellungen einen anderen Urheber als mich selbst zu suchen. Denn sind sie *falsch*, d.h. stellen sie keine Dinge dar, so sagt mir mein natürliches Erkenntnisvermögen, daß sie aus Nichts hervorgehen, d.h. daß sie nur darum in mir sind, weil meiner Natur etwas fehlt, weil sie nicht ganz vollkommen ist. Sind sie aber *wahr*, so bieten sie mir doch so wenig Realität dar, daß ich sie nicht einmal von dem Nichtseienden unterscheiden kann, und ich sehe nicht ein, warum sie nicht aus mir selbst hervorgehen könnten.

Von dem dagegen, was in den Vorstellungen von Körpern klar und deutlich ist, könnte ich wohl einiges von der Vorstellung meines Ich entlehnt haben, nämlich Substanz, Dauer, Zahl und ähnliches. Ich denke mir nämlich den Stein als eine Substanz oder ein Wesen, das durch sich selbst zu bestehen vermag. Ich denke mir ferner mein Ich als Substanz. Nun fasse ich zwar mich selbst als denkendes, nicht ausgedehntes Wesen, den Stein aber als ausgedehntes, nicht denkendes Wesen auf, und es ist somit ein sehr großer Unterschied zwischen beiden Auffassungen. Darin aber stimmen sie doch überein, daß beide *Substanzen* sind. Ebenso, wenn ich wahrnehme, daß ich jetzt bin, und mich erinnere, daß ich auch früher eine Zeitlang bestand; wenn ich ferner mehrere Gedanken habe, deren Zahl ich kenne, so gewinne, ich die Vorstellungen von Dauer und Zahl, die ich nun auch auf beliebige andere Dinge übertragen kann.

---

[35] Bei der materialen Falschheit handelt es sich um einen Irrtum bezüglich der Vorstellung selbst: ob sie nämlich »objektive Realität« besitzt oder nicht. In letzterem Falle wäre sie nur in negativem Sinne eine Vorstellung (ähnlich wie »Finsternis« nur im negativen Sinne eine Gesichtswahrnehmung ist).

Alles andere aber, aus dem die Vorstellungen von Körpern sich zusammensetzen, wie Ausdehnung, Gestalt, Lage, Bewegung, sind zwar in mir, der ich lediglich *denkendes* Wesen bin, nicht wirklich (*»formaliter«*) enthalten, da sie aber nur gewisse *Eigenschaften* einer Substanz sind, ich aber *selbst* eine Substanz bin, so können sie offenbar in mir, vermöge meiner größeren Realität (*»eminenter«*) enthalten sein.

So bleibt also allein die Vorstellung *Gottes* übrig, bei der es sich fragt, ob sie etwas enthält, das aus mir nicht hat hervorgehen können.

Unter »Gott« verstehe ich ein unendliches, unabhängiges, allweises, allmächtiges substanzielles Wesen, von dem ich und alles, was etwa noch außer mir existiert, geschaffen bin. Diese ganze Vorstellung ist derartig, daß ich um so weniger mir denken kann, sie sei aus mir selbst hervorgegangen, je sorgfältiger ich sie ins Auge fasse.

So ergiebt sich denn aus dem oben Gesagten, daß Gott notwendig ist. Zwar habe ich eine Vorstellung von Substanz, weil ich *selbst* Substanz bin; dies kann jedoch nicht die Vorstellung einer *unendlichen* Substanz sein, da ich selbst *endlich* bin, eine solche Vorstellung kann vielmehr nur von einer wirklich unendlichen Substanz hervorgehen.

Auch darf ich nicht etwa glauben, ich erfasse das Unendliche nicht durch eine wirkliche Vorstellung, sondern nur durch Negation des Endlichen, ähnlich wie ich die Ruhe und die Finsternis durch Negation der Bewegung und des Lichtes erfasse. Ich erkenne vielmehr ganz klar, daß die unendliche Substanz mehr Realität enthält als die endliche; daß mithin in gewissem Sinne die Vorstellung des Unendlichen der des Endlichen, *d.h. die Vorstellung Gottes, der des Ich vorausgeht.* Wie könnte ich denn wissen, daß ich zweifle, daß ich begehre, d.h. daß mir etwas fehlt, und daß ich unvollkommen bin, wenn in mir nicht die Vorstellung eines vollkommneren Wesens wäre, mit dem ich mich *vergleichen* kann, um meine Mängel zu erkennen?[36]

---

[36] Hier zeigt es sich klarer, was wir schon oben (S. 49) bemerkten, daß nämlich Gott eine notwendige Ergänzung zum Ich ist, von diesem gefordert wird, wie der Nordpol vom Südpol, und daß das Ich, zwar an sich gewiß, erst seine volle

Auch kann man nicht sagen, diese Gottes-Vorstellung sei vielleicht *material* falsch und könne daher ebenso gegenstandslos sein, wie ich es vorhin von den Vorstellungen der Wärme und Kälte und von ähnlichem bemerkte. Im Gegenteil vielmehr: sie ist äußerst klar und bestimmt und enthält mehr objektive Realität, als irgend eine andere, und darum ist keine an sich[37] wahrer, bei keiner ist der Verdacht der Falschheit mehr ausgeschlossen als bei ihr!

Diese Vorstellung eines vollkommensten und unendlichen Wesens, sage ich, ist (material) *vollkommen wahr*: Könnte man vielleicht auch sich einbilden, ein solches Wesen existiere nicht; das kann ich mir doch nicht einbilden, daß die *Vorstellung* desselben mir nichts *Reales* biete, wie ich es vorhin von der Vorstellung der Kälte sagte.

Jene Vorstellung ist aber auch *vollkommen klar und bestimmt*, denn in ihr ist alles völlig enthalten, was ich klar und deutlich wahrnehme, was wirklich und wahr ist und eine gewisse Vollkommenheit in sich schließt!

Auch das laßt sich nicht einwenden, daß ich das Unendliche nicht zu fassen vermag und daß sogar unzähliges Andere in Gott ist, das ich weder erfassen, noch auch überhaupt mit meinem Denken irgendwie erreichen kann.[38]

Es liegt nämlich in der Natur des Unendlichen, daß es von mir, der ich endlich bin, nicht begriffen werden kann, und es genügt,

---

Bedeutung und allseitige Bestätigung durch die Gottesidee erhält. Hieraus ergiebt sich dann leicht, inwiefern selbst das »Ich bin«, wiewohl es als das Erste und Gewisseste erkannt wird, doch in Bezug auf seine Gewißheit noch durch die noch unentwickelte, in ihrer Bedeutung noch nicht klar erkannte Gottesvorstellung in gewissem Sinne bedingt genannt werden konnte. Gott ist sowohl seinem Wesen nach dem Ich entgegengesetzt (unendlich – endlich), wie auch dem Kausalverhältnis nach (Ursache – Wirkung). Dadurch bildet er auch – wie etwa Jak. Böhm sich ausdrücken würde – den Gegenwurf, an dem der Geist sich spiegelt, dadurch er in sich selbst eingeht und seine Schranken erkennt.

[37] D.h. material, in Bezug auf ihre objektive Realität. (Vgl. pag. 59)

[38] Nec obstat quod non comprehendam infinitum, vel quod alia innumera in Deo sint, quae ...« Kuno Fischer übersetzt: »Und der Begriff des Unendlichen wird dadurch nicht gehindert, daß etwa in Gott noch zahllose andere Wesen sind, die ...« Danach würde gegen die Unendlichkeit die Schwierigkeit erhoben, daß in Gott zahllose unfaßbare Wesen seien; dies entspricht nicht dem Sinne Descartes und giebt auch überhaupt keinen klaren Sinn!

daß ich dies einsehe und erkenne, daß alles, was ich klar auffasse, und worin ich eine gewisse Vollkommenheit erkannt habe, ebenso wie vielleicht noch unzähliges andere, von dem ich *nichts* weiß, in Gott wirklich enthalten oder in seiner Seinsfülle einbegriffen sei.[39] Die Vorstellung, die ich von Gott habe, ist dann die *wahrste, klarste und deutlichste aller meiner Vorstellungen.*

Vielleicht aber bin ich mehr als ich selbst meine; vielleicht sind alle jene Vollkommenheiten, die ich Gott zuschreibe, gewissermaßen potential in *mir*, wenn sie sich auch noch nicht äußern und zur Wirklichkeit gelangen? – Ich bemerke ja, wie meine Erkenntnis sich allmählich erweitert, und ich sehe nicht ein, warum sie sich so nicht mehr und mehr bis ins Unendliche erweitern sollte, und warum ich ferner nicht mit Hilfe dieser so vermehrten Erkenntnis zu allen übrigen Vollkommenheiten Gottes gelangen könnte, und endlich, warum das Vermögen zu diesen Vollkommenheiten, wenn es in mir ist, nicht hinreichen sollte, die Vorstellung derselben hervorzubringen!

Doch alles dies ist unmöglich! *Erstens* nämlich, gesetzt auch, meine Erkenntnis nehme allmählich zu, und vieles sei potential in mir, das noch nicht in Wirksamkeit getreten, so gehört doch nichts von alledem zur Vorstellung *Gottes*, in der es überhaupt nichts Potentiales giebt. Gerade das allmähliche Zunehmen ist ja der sicherste Beweis der Unvollkommenheit! – Nähme aber auch *zweitens* meine Erkenntnis immer mehr zu, so sehe ich gleichwohl nicht ein, wie sie je dadurch ein aktual Unendliches werden sollte, da sie niemals dahin gelangen wird, daß sie keines weiteren Zuwachses mehr fähig wäre. Gott aber fasse ich als ein aktual Unendliches auf, und seiner Vollkommenheit kann nichts zugefügt werden. – Ich sehe aber *drittens* auch ein, daß das objektive Sein der Vorstellung nicht durch ein bloß potentiales Sein, das richtig gesagt, *Nichts* ist, hervorgebracht werden kann, sondern lediglich durch aktuales oder formales Sein.

Alles dies kann man bei genauer Aufmerksamkeit durch das natürliche Erkenntnisvermögen ganz klar einsehen. Bin ich aber weniger aufmerksam, und die sinnlichen Vorstellungsbilder trüben mein

---

[39] D.h. »formaliter« oder »eminenter« in ihm enthalten sei.

geistiges Auge, so vermag ich mir nicht so leicht Rechenschaft darüber zu geben, warum die Vorstellung eines vollkommneren Wesens als ich, notwendig von einem wirklich vollkommneren Wesen herrühren muß. Darum will ich ferner zusehen, ob ich, der ich jene Vorstellung habe, auch *sein* könnte, wenn es *kein* solches Wesen gäbe?

Da fragt sich's nun: woher würde ich dann meine Existenz haben?– Nun, etwa von mir selbst, oder von meinen Eltern, oder von irgend welchen anderen unvollkommneren Wesen als Gott (denn etwas Vollkommneres oder auch nur ebenso Vollkommnes wie Gott ist gänzlich undenkbar).

Wäre ich nun aber aus mir selbst, so würde ich nicht zweifeln und nichts begehren; es würde mir überhaupt gar nichts fehlen. Ich würde mir alle Vollkommenheiten verliehen haben, die ich mir irgendwie vorstelle, und so wäre ich selbst Gott! – Ich brauche nicht etwa zu denken, das, was mir noch fehlt, sei vielleicht schwieriger zu erreichen, als das, was ich bereits habe. Im Gegenteil! Es wäre offenbar weit schwieriger für mich gewesen, als denkendes Wesen, als Denk *substanz*, aus dem Nichts ins Dasein zu treten, als die Kenntnis vieler unbekannter Dinge zu erwerben, denn das sind doch nur *Accidenzen* jener Substanz. Konnte ich mir das Größere verleihen, so hätte ich mir gewiß nichts versagt, was leichter zu erreichen ist; und auch von alledem hätte ich mir nichts versagt, was ich in der Vorstellung Gottes wahrnehme, denn alles dies erscheint mir gar nicht schwerer erreichbar zu sein! Wäre aber doch etwas dabei, was schwieriger ist, so müßte es mir auch schwieriger *erscheinen*, (falls ich wenigstens all meinen übrigen Besitz von mir selbst hätte); ich würde dann nämlich erkennen, daß meiner Macht dort eine *Schranke* gesetzt ist.

Der Macht dieser Gründe kann ich mich auch nicht entziehen, indem ich annehme, ich sei immer gewesen, wie ich jetzt bin, um daraus weiter zu folgern: nach einem Urheber meines Daseins brauche ich gar nicht weiter zu forschen.[40] Die ganze Zeit meines Le-

---

[40] Die französische Ausgabe hat hier folgenden Wortlaut: »Nun könnte ich wohl annehmen, ich sei immer gewesen, wie ich jetzt bin. Dadurch entziehe ich mich aber nicht der Macht dieser Gründe und erkenne gleichwohl die Notwendigkeit, Gott als Urheber meines Daseins anzunehmen.

bens kann ich nämlich in unzählige Teile zerlegen, und jeder dieser Teile ist gänzlich *unabhängig* von allen anderen. Daraus, daß ich im vorhergehenden Augenblick war, folgt also keineswegs, daß ich auch *jetzt* sein müßte, es sei denn, daß irgend eine Ursache mich gleichsam für diesen Augenblick von neuem schafft, d.h. mich *erhält*. Fassen wir nämlich genau das Wesen der Dauer ins Auge, so ist klar, daß ebendieselbe Kraft und Thätigkeit nötig ist, um ein Ding in den einzelnen Momenten seiner Dauer zu erhalten, als zu seiner Neuschöpfung erforderlich wäre, wenn es noch gar nicht existierte. Der Satz, daß »Erhalten« und »Schaffen« sich nur der Art der Auffassung nach unterscheiden, ist also einer von denen, die wir durch unser natürliches Erkenntnisvermögen klar einsehen.

So muß ich also nun mir selbst die Frage vorlegen, ob ich eine Kraft besitze, vermöge der ich bewirken kann, daß ich, der ich in diesem Momente bin, auch im folgenden Momente sein werde. Da ich nämlich lediglich ein denkendes Wesen bin, oder doch nur allein insoweit hier von mir rede, als ich ein solches Wesen bin, so müßte ich ohne Zweifel mir einer solchen Kraft *bewußt* sein, wenn ich sie besäße. Ich bemerke aber *keine* solche Kraft, und erkenne eben daraus aufs klarste, *daß ich von einem von mir verschiedenen Wesen abhänge.*

Doch vielleicht ist dieses Wesen gar nicht Gott; vielleicht sind es meine Eltern, die mich ins Dasein gerufen oder es war eine andere, weniger vollkommene Ursache als Gott.

Es ist aber klar, wie ich schon oben sagte, daß in der Ursache mindestens ebensoviel Realität enthalten sein muß, wie in der Wirkung. Da ich nun ein denkendes Wesen bin, das eine Vorstellung von Gott hat, so muß die Ursache meines Daseins – mag dieselbe nun heißen wie sie will – ebenfalls ein denkendes Wesen sein, das eine Vorstellung von allen Vollkommenheiten hat, die ich Gott zuschreibe. Bezüglich dieser Ursache nun kann man wieder fragen, ob sie aus sich selbst oder durch etwas Anderes existiere. Wäre sie aus sich selbst da, so wäre sie, wie aus dem Gesagten hervorgeht, *Gott*; denn wenn sie die Kraft hat, aus sich selbst zu existieren, so hat sie ohne Zweifel auch die Kraft, alle die Vollkommenheiten wirklich zu besitzen, die sie sich vorstellt.

Wäre jene Ursache aber durch ein Anderes da, so müßte man wieder bezüglich dieser anderen Ursache die Frage stellen, ob sie aus sich selbst oder durch ein Anderes existiert, bis man schließlich bei der letzten Ursache anlangt, welche *Gott* sein wird. Denn daß man dies nicht ins Unendliche fortsetzen kann, ist um so klarer, als es sich nicht lediglich um die Ursache handelt, die mich einst ins Leben rief, sondern vorzüglich auch um die, welche mich *gegenwärtig erhält.*

Man kann auch nicht annehmen, es hatten mehrere Teil-Ursachen bei meiner Entstehung zusammengewirkt, und ich hätte von der einen die Vorstellung dieser, von der anderen die Vorstellung jener Vollkommenheit Gottes erlangt; alle jene Vollkommenheiten seien also wohl irgendwo im Universum zu finden, sie seien aber nicht gleichzeitig in einem einzigen Wesen, in Gott vereinigt. – Im Gegenteil erkenne ich gerade in der Einheit, Einfachheit oder Unteilbarkeit eine Haupteigenschaft Gottes! Sicherlich konnte auch die Vorstellung der Einheit aller Vollkommenheiten Gottes in mir ausschließlich durch die nämliche Ursache hervorgerufen werden, von der ich auch die Vorstellung der übrigen Vollkommenheiten empfing, denn diese Ursache hätte nicht bewirken können, daß ich sie alle *vereint* und *untrennbar* erkenne, wenn sie nicht gleichzeitig mir eine Kenntnis jeder *einzelnen* verschafft hätte.

Was nun schließlich meine Eltern anbetrifft, so mag ja alles wahr sein, was ich von ihnen früher glaubte, aber doch sind sie es nicht, die mich *erhalten,* noch auch haben sie mich, inwiefern ich ein *denkendes* Wesen bin, hervorgerufen. Sie haben vielmehr nur gewisse *Anlagen* dem Stoffe mitgeteilt, dem ich, d.h. mein Geist (den ich jetzt allein für mein Ich ansehe), innezuwohnen meine. Bezüglich der Eltern kann also hier weiter keine Schwierigkeit in Frage kommen. Sonach müssen wir überhaupt den Schluß ziehen, daß daraus allein, daß ich *bin* und eine Vorstellung eines vollkommensten Wesens, d.h. Gottes, habe, daß daraus mit aller Sicherheit sich beweisen läßt, *daß Gott auch wirklich existiere.*

Ich habe nun noch zu untersuchen, *in welcher Weise* jene Vorstellung von Gott erhalten.

Ich habe sie *nicht aus den Sinnen* geschöpft, auch ist sie mir nicht unerwartet gekommen, wie es bei den Vorstellungen sinnlicher

Dinge zu geschehen pflegt, wenn diese Dinge mit meinen äußeren Sinnesorganen zusammentreffen oder mit ihnen zusammenzutreffen scheinen. Ich habe mir auch die Gottesvorstellung *nicht selbst gebildet*, denn ich kann von ihr nichts wegnehmen und kann nichts zu ihr hinzufügen.

So bleibt also nur übrig, daß sie mir *angeboren* ist, wie auch die Vorstellung meiner selbst mir angeboren ist.

Und darüber braucht man sich in der That nicht zu wundern, daß Gott mir bei meiner Erschaffung jene Vorstellung gegeben hat, gleichwie ein Künstler seinem Werke sein Zeichen einprägt. Es ist ja gar nicht einmal nötig, daß dies ein besonderes, von dem ganzen Werke *verschiedenes* Zeichen ist. Darum allein, weil Gott mich geschaffen, ist es vielmehr schon sehr wahrscheinlich, daß ich gleichsam nach seinem *Ebenbilde* geschaffen bin. Diese Gottähnlichkeit, welche die Gottesvorstellung in sich schließt, nehme ich aber durch das nämliche Vermögen wahr, durch das ich mich selbst wahrnehme. Mit anderen Worten: wenn sich mein geistiger Blick auf mich selbst richtet, so werde ich dessen inne, daß ich unvollkommen und von einem anderen Wesen abhängig bin und ohne Ende nach immer Größerem und nach Besserem strebe. Gleichzeitig aber erkenne ich auch, daß jenes Wesen, von dem ich abhängig bin, das Höhere, das ich erstrebe, nicht nur als ein potentiales, sondern als ein aktuales Unendliches in sich schließt, also *Gott* ist.

Die ganze Kraft dieses Beweises liegt also darin, daß ich es für unmöglich erkenne, daß ich so existiere, wie ich bin, mit der Vorstellung Gottes in mir, wenn Gott nicht auch *wirklich* existierte, – derselbe Gott, dessen Vorstellung in mir ist, der alle jene Vollkommenheiten besitzt, die ich nicht zu fassen, sondern gewissermaßen nur mit meinen Gedanken zu *berühren* vermag; dem gar kein Mangel anhaftet.

[41] Hieraus geht nun auch zur Genüge hervor, *daß dieser Gott nicht täuschen kann*, denn das sehen wir ohne weiteres ganz klar ein, daß Lug und Trug aus einem *Mangel* entspringen.

---

[41] Dies ist der Descartessche Gottesbeweis. Er ist kurz folgender: »Die objektive Realität einer Vorstellung kann nicht größer sein als die formale Realität ihrer Ursache.

Doch bevor ich dies eingehender prüfe, und in die anderen Wahrheiten, die sich daraus ergeben, einzudringen suche, will ich noch ein wenig bei der Betrachtung Gottes verweilen. Ich will seine Eigenschaften bei mir erwägen und die Schönheit dieses unermeßlichen Lichtes, soweit mein geblendetes geistiges Auge es vermag, anschauen und voll Bewunderung anbeten. Wie nämlich unserem Glauben nach in der bloßen Betrachtung der göttlichen Majestät die höchste Glückseligkeit des jenseitigen Lebens besteht, so zeigt es sich, daß wir auch jetzt schon in dieser selben, wenn auch noch viel unvollkommneren Betrachtung das höchste Glück genießen können, dessen wir in diesem Leben fähig sind!

Nun habe ich eine Gottesvorstellung. Ihre objektive Realität ist unendlich groß, also größer als meine formale Realität. Sonach kann ich nicht die Ursache dieser Vorstellung sein. Nur ein unendliches Wesen, Gott selbst kann die Ursache sein: Gott existiert!«

Über die Voraussetzung, auf der der ganze Beweis beruht, daß die objektive Realität nicht größer als die formale Realität der Ursache sein kann, vgl. S. 56

Weiter unten giebt Descartes noch einen zweiten Gottesbeweis, der dem ontologischen Beweise Anselms aufs engste verwandt ist (fünfte Betrachtung).

Vierte Betrachtung.

Wahrheit und Irrtum.

Es ist mir in der letzten Zeit zur Gewohnheit geworden, meinen Geist von den Sinnen abzulenken; ich habe es ganz deutlich bemerkt, wie wenig wir wirklich über die Körper erfahren, wieviel mehr aber über den menschlichen Geist, noch weit mehr aber über Gott; und so vermag ich nun ohne alle Schwierigkeit mein Denken von den Dingen der Anschauung weg und den rein begrifflichen und gänzlich immateriellen Gegenständen zuzuwenden.

In der That ist meine Vorstellung vom menschlichen Geiste als einem denkenden Wesen, das keine Ausdehnung nach Länge, Breite und Höhe hat und auch nichts Anderes mit dem Körper gemein hat, viel deutlicher, als die Vorstellung von irgend einem körperlichen Wesen.[42] Bedenke ich nun, daß ich zweifle, also ein unvollkommnes, abhängiges Wesen bin, so stellt sich mir ganz klar und deutlich die Vorstellung eines unabhängigen und vollkommnen Wesens, d. h. Gottes dar, und völlig überzeugend folgere ich aus dieser einen Thatsache, daß ich jene Vorstellung habe oder mit derselben existiere, die Existenz Gottes und die Abhängigkeit meiner ganzen Existenz von ihm in jedem einzelnen Moment. Daher bin ich der Überzeugung, der Menschengeist könne überhaupt nichts einleuchtender, nichts sicherer erkennen!

Nun glaube ich auch einen Weg zu sehen, um von der Betrachtung des wahrhaften Gottes, in dem alle Schätze der Wissenschaft und Weisheit verborgen sind, zur Erkenntnis der übrigen Dinge zu gelangen!

Erstlich nämlich erkenne ich, daß Gott mich unmöglich je täuschen kann; in allem Lug und Trug findet man eine Unvollkom-

---

[42] »sane multo magis distinctam habeo ideam mentis humanae, quatenus est res cogitans, non extensa in longum, latum et profundum, nec aliud quid a corpore habens, quam ideam ullius rei corporae.« Kuno Fischer und Kirchmann beziehen irrtümlicherweise das »quam ...« auf aliud, statt auf »multo magis«, wie wir es (in Übereinstimmung mit der französischen Ausgabe) thun. Kuno Fischer übersetzt: »ohne etwas vom Körper zu haben, als die Idee eines körperlichen Wesens.«

menheit. Wenn auch die Fähigkeit zu täuschen ein Zeichen von Scharfsinn und Macht zu sein scheint, so beweist doch die *Absicht* zu täuschen ohne Zweifel Bosheit oder Schwäche und kann sich darum bei Gott nicht finden.

Zweitens bemerke ich bei mir ein Urteilsvermögen, das ich sicherlich ebenso wie alles andere, was ich habe, von Gott erhielt. Da nun aber Gott mich nicht täuschen will, wird er mir wahrlich kein solches gegeben haben, das mich bei richtigem Gebrauche jemals zu Irrtümern führen könnte.

Hierüber würde nun auch gar kein Zweifel mehr obwalten, wenn nicht hieraus zu folgen schiene, ich könne mithin *niemals* irren. Wenn ich nämlich alles, was in mir ist, von Gott habe, und dieser gab mir kein Vermögen zu irren, so kann ich dem Anscheine nach überhaupt nicht irren. So lange daher meine Gedanken sich nur mit Gott beschäftigen und ganz auf ihn gerichtet sind, so finde ich keinen Anlaß zu Irrtum oder Unwahrheit. Wende ich mich dann aber zu mir zurück, so bemerke ich, daß ich gleichwohl zahllosen Irrungen ausgesetzt bin. Forsche ich nach der Ursache derselben, so finde ich, daß sich mir nicht nur die reale und positive Vorstellung Gottes oder des vollkommensten Wesens darstellt, sondern auch sozusagen eine negative Vorstellung vom Nichts oder dem vollendetsten Gegensatz aller Vollkommenheit. Ich finde, daß ich gleichsam ein Mittelding zwischen Gott und dem Nichts bin, oder zwischen dem vollkommensten Sein und dem Nichtsein, und daß ich so beschaffen bin, daß ich als Geschöpf jenes vollkommensten Wesens nichts in mir habe, das mich zur Unwahrheit oder zum Irrtum führen könnte; inwiefern ich aber auch am Nichts oder am Nichtsein teilnehme (d. h. inwiefern ich nicht selbst jenes vollkommenste Wesen bin und gar vieles mir *fehlt*), kann es nicht gerade wunderbar erscheinen, wenn ich *irre*.

So sehe ich also klar ein, daß der Irrtum als solcher nichts Wirkliches, von Gott Herrührendes, sondern nur ein Mangel ist; daß ich also, um zu irren, keines besonderen Vermögens bedarf, das mir von Gott zu diesem Zwecke verliehen wäre; vielmehr entspringt mein Irrtum aus der *Beschränktheit des mir von Gott verliehenen Urteilsvermögens*.

Doch dies kann mich noch nicht ganz zufrieden stellen. Der Irrtum ist nämlich nicht die reine Negation, sondern der Mangel, das Fehlen einer mir gewissermaßen zukommenden Erkenntnis, und wenn ich das Wesen Gottes betrachte, so scheint es mir unmöglich, daß Gott ein Vermögen in mich gelegt habe, das nicht in seiner Art vollkommen wäre, oder dem eine ihm zukommende Eigenschaft fehlt. Wenn die Werke, die von einem Künstler ausgehen, um so vollkommner sind, je kundiger der Künstler ist, kann dann Gott, der Urheber aller Dinge, etwas geschaffen haben, das nicht in jeder Hinsicht vollkommen wäre?

Ohne Zweifel *konnte* doch Gott mich so schaffen, daß ich nie irrte; ohne Zweifel auch *will* er stets nur das Beste. Ist es nun besser ich irre, oder ich irre nicht?

Ich überlege mir dies genauer und finde erstlich, daß es gar nicht auffallend ist, wenn Gott etwas thut, dessen Gründe ich nicht einsehe. Auch darf ich nicht darum an Gottes Existenz zweifeln, weil ich etwa irgend etwas bemerke, von dem ich nicht begreife, warum und wie er es gemacht hat. Ich weiß ja, daß ich von Natur sehr schwach und beschränkt bin, Gott aber ist unermeßlich, unfaßbar, unendlich! Darum weiß ich, daß er Unzähliges vermag, dessen Gründe mir unbekannt sind.

Aus diesem einzigen Grunde glaube ich auch, daß jene ganze Gattung von Ursachen, die man aus dem Zweck entnimmt, für die Physik von gar keiner Bedeutung sind; denn es wäre verwegen, wenn ich die Absichten Gottes ausforschen zu können meinte.

Zweitens finde ich, daß man nicht ein einzelnes Geschöpf im besonderen, sondern die *Gesamtheit* aller Dinge in Betracht ziehen muß, wenn man die Frage untersucht, ob Gottes Werke vollkommen sind. Ein Ding, das für sich allein betrachtet mit Recht als sehr unvollkommen erscheinen könnte, ist vielleicht *als Teil des Weltganzen höchst vollkommen.* Ich habe zwar, seit ich mir vornahm, an allem zu zweifeln, noch nichts weiter erkannt, als daß ich bin und daß Gott ist. Seit ich aber die unermeßliche Macht Gottes erkannt, kann ich doch nicht leugnen, daß Gott noch vieles andere geschaffen hat oder wenigstens hätte schaffen können, und daß ich mithin in dem All der Dinge nur die Bedeutung eines *Teiles* habe.

Trete ich nun näher an mich heran und prüfe, welcher Art meine Irrtümer sind (die allein eine Unvollkommenheit in mir beweisen), so bemerke ich, daß dieselben durch das Zusammenwirken zweier Ursachen bedingt sind, nämlich durch das Erkenntnisvermögen, das ich habe, und durch das Vermögen zu wählen oder die Willensfreiheit: d. h. also durch den *Verstand* in Verbindung mit dem *Willen*.

Durch den Verstand *allein* gelange ich nur zu den Vorstellungen, über die ich ein Urteil fällen kann, und ein eigentlicher Irrtum kann in dem Verstande in diesem Sinne gar nicht vorkommen. Es mögen wohl unzählige Dinge existieren, ohne daß ich eine Vorstellung von ihnen habe. Man kann aber nicht eigentlich sagen, ich sei derselben *beraubt*; man kann nur *negativ* sagen, ich *habe* dieselben *nicht*. Ich könnte ja mit keinem Grunde beweisen, daß Gott mir eigentlich ein größeres Erkenntnisvermögen hätte geben müssen, als er mir wirklich gab! Wenn ich auch einen noch so erfahrenen Künstler in ihm erkenne, so glaube ich darum doch nicht, daß er jedem einzelnen seiner Werke alle jene Vollkommenheiten hätte verleihen müssen, die er einigen verleihen kann.

Ich kann mich aber auch nicht beklagen, daß Gott mir keinen Willen, keine Willensfreiheit gegeben habe, die ausgedehnt und vollkommen genug sei; ich bemerke vielmehr, daß dieselbe in der That ohne alle Grenzen ist.

Sehr bemerkenswert ist hierbei, daß *nichts anderes* in mir so vollkommen oder so groß ist, daß ich mir es nicht noch vollkommener und größer denken könnte. Nehme ich z. B. das Erkenntnisvermögen. Ich bemerke sofort, daß es äußerst gering und eng begrenzt ist. Ich bilde mir aber sogleich auch die Vorstellung eines anderen weit größeren, ja des größtmöglichen, unendlichen Erkenntnisvermögens, und eben daraus, daß ich imstande bin, mir dies vorzustellen, erkenne ich, daß es zum Wesen *Gottes* gehört. Ebenso, wenn ich das Erinnerungs- oder das Vorstellungsvermögen oder irgend ein anderes prüfe, so finde ich überhaupt keins, das nicht in mir selbst gering und beschränkt, in Gott aber unermeßlich wäre. Der *Wille allein* oder die Willens*freiheit* ist es, die ich als so groß erkenne, daß ich sie mir gar nicht größer vorstellen kann. Daher ist sie es auch vorzüglich, vermöge derer ich in mir ein Ebenbild Gottes erkenne.

Freilich ist dieser freie Wille in Gott unvergleichlich größer als in mir, sowohl hinsichtlich der Erkenntnis und Macht, mit der er verbunden ist, und die ihn stärker und wirksamer macht, als auch hinsichtlich des Objektes, da er eine viel weitere Ausdehnung hat. Gleichwohl aber erscheint er, an sich genau betrachtet, seinem Wesen nach *nicht* größer; er besteht nämlich nur darin, daß wir dasselbe thun oder auch nicht thun (d. h. bejahen oder verneinen, erstreben oder fliehen) können, oder vielmehr lediglich darin, daß wir uns von keiner äußeren Macht dazu gezwungen fühlen, wenn wir das bejahen oder verneinen, erstreben oder fliehen, was uns der Verstand vorhält.

Um frei zu sein, brauche ich nämlich keineswegs nach beiden Seiten in gleicher Weise hinzuneigen. Im Gegenteil! Jemehr ich mich der einen Seite zuneige – sei es nun, weil ich in ihr das Wahre und Gute klar erkenne, oder weil Gott in meinem Innersten so mein Denken lenkt – um so *freier* wähle ich diese Seite. Weder die göttliche Gnade, noch die natürliche Erkenntnis beeinträchtigen je meine Freiheit, sondern mehren und kräftigen sie vielmehr! Jene Indifferenz aber, die ich empfinde, wenn nichts mich mehr nach der einen Seite hintreibt als nach der anderen, ist die tiefste Stufe der Freiheit; sie darf nicht als Beweis einer Vollkommenheit, sondern lediglich als ein Mangel im Erkennen, als etwas Negatives angesehen werden. Sähe ich immerdar, was wahr und gut ist, ich würde niemals schwanken, wie ich zu urteilen oder zu wählen habe! Ich würde völlig *frei*, aber niemals indifferent sein!

Hieraus ersehe ich nun, daß weder die mir von Gott verliehene Willenskraft, an sich betrachtet, die Ursache meines Irrtums sein kann; denn sie ist von größter Ausdehnung und vollkommen in ihrer Art. Noch auch kann es die Erkenntniskraft sein, denn da ich mein Erkennen von Gott habe, ist zweifelsohne alles richtig, was ich erkenne und ich kann mich darin nicht täuschen.

Woher also entstehen meine Irrtümer?

Offenbar nur daraus, daß der Wille sich weiter erstreckt als mein Verstand, und daß ich ihn nicht in den nämlichen Schranken halte, sondern auch *auf das Nichterkannte ausdehne.* Da er gegen dieses sich indifferent verhält, weicht er leicht vom Wahren und Guten ab, und so *irre* und *sündige* ich.

Als ich beispielsweise dieser Tage untersuchte, ob irgend etwas in der Welt existierte, und als ich bemerkte, daß eben daraus, daß ich es prüfte, *mein Dasein* evident folgte, da *konnte ich* nicht anders urteilen, als es sei *wahr*, was ich so klar erkannte, und zwar war ich zu diesem Urteil nicht durch eine äußere Macht gezwungen, sondern diese große Neigung meines Willens war eine Folge der großen Erleuchtung meines *Verstandes*, und so war mein Fürwahrhalten um so *selbständiger* und *freier*, je weniger ich dabei indifferent war.

43

Nun weiß ich aber nicht bloß, daß ich (insoweit ich ein denkendes Wesen bin) existiere, es schwebt mir auch eine Vorstellung der körperlichen Natur vor, und so kommt es, daß ich im Zweifel bin, ob die Denknatur, die in mir ist, oder die ich vielmehr selber bin, von jener Körpernatur verschieden ist, oder ob beide ein und dasselbe sind.

Ich nehme nun an, mein Verstand finde noch keinen Grund, der ihm das Eine wahrer erscheinen lasse als das Andere, und offenbar treibt mich daher nichts an, das Eine oder das Andere zu bejahen oder zu verneinen, oder mich überhaupt jeden Urteils darüber zu enthalten. Diese Indifferenz erstreckt sich sogar nicht nur auf das, was der Verstand gar nicht erkennt, sondern überhaupt auf alles, was er nur mangelhaft erkennt zur Zeit, da er die Entscheidung in Erwägung zieht. Mögen noch so wahrscheinliche Vermutungen mich nach der einen Seite hindrängen, der Umstand allein, daß ich weiß, es sind nur Vermutungen und keine sicheren, unzweifelhaften Gründe, dies allein ist mir Veranlassung genug, meine Zustimmung dem Gegenteil zuzuwenden!

Das habe ich ja in diesen Tagen zur Genüge erfahren, als ich alles für gänzlich falsch annahm, an dessen Wahrheit ich früher ganz fest

---

43 Man sieht hier deutlich, wie der Streit um die Willensfreiheit lediglich ein Wortstreit ist.
Descartes nimmt die Willens»freiheit« an, weil nicht äußere Ursachen den Willen bestimmen, sondern der Verstand, unsere eigene Erkenntnis, das Ich. Weil der Wille bestimmt wird durch den Verstand (der selbst wieder bestimmt wird durch die Objekte), nennen andere den Willen unfrei. Beide Behauptungen sind ihrem Sinne nach nicht widersprechend!

geglaubt hatte, und zwar aus dem einen Grunde, weil ich fand, man könne irgendwie daran zweifeln!

Wenn ich nun die Wahrheit nicht klar und deutlich genug erkenne, und ich enthalte mich des Urteils, so handle ich offenbar recht und bin vor Irrtum bewahrt. Urteile ich aber »so ist es« oder »es ist nicht so«, dann mache ich einen verkehrten Gebrauch von meiner Willensfreiheit! Wende ich mich dabei dem Falschen zu, so *irre* ich eben. Im anderen Falle treffe ich zwar zufällig das Richtige, bin aber doch nicht ohne Schuld, da mir die Vernunft sagt, daß die geistige Auffassung stets der Entscheidung des Willens vorausgehen müsse.

Diese verkehrte Anwendung der Willensfreiheit schließt jenen Mangel in sich, der das Wesen des Irrtums ausmacht. In der *Anwendung,* sage ich, die von *mir* ausgeht, liegt jener Mangel, nicht aber in dem Vermögen selbst, das ich von *Gott* empfing; auch nicht in dem Gebrauche desselben, soweit er von *Gott* abhängig ist!

Daß Gott mir keine größere Verstandeskraft, keine größere natürliche Einsicht verliehen, als ich nun einmal habe, darüber kann ich mich in keiner Weise beklagen, denn es liegt im Wesen des *endlichen* Verstandes, vieles nicht zu erkennen, und im Wesen des *geschaffenen* Verstandes, *endlich* zu sein. Ich bin dem, der mir nie was schuldig war, zu Dank verpflichtet für das, was er mir schenkte, und ich darf nicht etwa meinen, er hätte mir das vorenthalten, was er mir nicht gab, oder er hätte es mir *weggenommen!*

Auch darüber darf ich mich nicht beklagen, daß er meinem Willen eine größere Ausdehnung gegeben als meinem Verstande. Da nämlich der Wille Eins und gleichsam unteilbar ist, so scheint es seiner Natur zu widersprechen, daß von ihm etwas weggenommen wird, und fürwahr, je größer er ist, umsomehr bin ich seinem Geber zu Dank verpflichtet!

Schließlich darf ich auch darüber nicht klagen, daß Gott beim Zustandekommen jener Willensakte – jener Urteile, in denen ich irre – mitwirkt. Jene Akte sind, soweit sie von Gott abhängen, durchaus wahr und gut, und meine Vollkommenheit ist in gewissem Sinne größer, weil ich sie hervorzurufen vermag, als wenn ich dies nicht vermöchte, der Mangel aber, in dem allein das eigentliche Wesen des Irrtums und der Schuld besteht, bedarf keiner Mitwirkung Gottes, denn sie sind nichts Positives, und können, in Beziehung auf

Gott als ihre Ursache nicht als ein Fehler, sondern nur als etwas Negatives bezeichnet werden. Es ist keine Unvollkommenheit Gottes, daß er mir die Freiheit gab, auch Dingen zuzustimmen oder nicht, deren klare und deutliche Erkenntnis er meinem Verstande versagte. Zweifelsohne aber ist es eine Unvollkommenheit *meinerseits*, wenn ich jene Freiheit mißbrauche und über Dinge urteile, die ich nicht recht verstehe.

Doch meine ich, Gott hätte es wohl leicht so einrichten können, daß ich *nicht* irrte und dabei doch frei und von beschränkter Erkenntnis bliebe. Er hätte nur meinem Verstande eine klare und deutliche Auffassung alles dessen zu geben brauchen, das ich je in Erwägung ziehen könnte; oder er hätte es nur meinem Gedächtnis unvergeßlich einprägen sollen, daß ich nie über etwas ohne klare und deutliche Einsicht urteilen dürfe. Hätte Gott mich so geschaffen, so ist leicht einzusehen, daß ich, wenigstens *als Ganzes für sich* betrachtet, viel vollkommener wäre, als ich jetzt bin!

Gleichwohl aber kann ich nicht leugnen, daß das *All* der Dinge, wenn einige seiner Glieder nicht frei sind von Irrtum, andere aber frei sind, eine größere Vollkommenheit besitzt, als wenn alle einander ganz ähnlich wären,[44] und ich habe kein Recht, mich zu beschweren, weil Gott wollte, daß ich in der Welt nicht das vorzüglichste und vollkommenste Wesen darstelle.

Kann ich nun aber auch nicht auf jene erste Weise mich vor Irrtum bewahren, nämlich durch den klaren Einblick in alles, worüber ich mich zu entscheiden habe, so kann ich es doch auf die andere

---

[44] Es ist schwer verständlich, warum ein Ganzes, um vollkommner zu sein, unvollkommnere Teile enthalten soll. Das Ganze verliert offenbar nichts von seiner Vollkommenheit, wenn seine Teile vollkommen sind; zudem schließt ja auch das Vollkommnere implicite das Unvollkommnere schon in sich. Descartes scheint die Mannigfaltigkeit als zur Vollkommenheit des Weltganzen erforderlich anzusehen. Angenommen, das wäre richtig, so könnte doch diese Mannigfaltigkeit auch in anderer Weise erzeugt werden, als durch Einfügung von Unvollkommnem zwischen das Vollkommne. (Ein solches Verfahren widerspräche dem Wesen eines allervollkommensten Gottes offenbar am allermeisten!) Müssen denn Dinge, die auf gleicher Stufe der Vollkommenheit stehen, einander notwendig »ganz ähnlich« sein? Kann man sich nicht denken, Gott habe Wesen ganz verschiedener Art schaffen können, die dennoch jedes für sich den höchsten Grad der ihm, seinem Wesen nach, möglichen Vollkommenheiten besäße?

Art, indem ich nämlich darauf achte, mich stets des Urteils zu enthalten, wenn ich mir über die Wahrheit der Sache nicht ganz klar bin. Wenngleich ich mich auch zu schwach fühle, um stets mein Augenmerk auf einen und denselben Punkt zu richten, so kann ich es doch durch aufmerksame und oft wiederholte Betrachtung dahin bringen, daß ich daran denke, sobald es nötig wird, und mich so gleichsam daran *gewöhne*, nicht zu irren.

Darin nun besteht die größte und hauptsächlichste menschliche Vollkommenheit, und ich glaube daher, nicht wenig durch meine heutige Betrachtung gewonnen zu haben, da ich die Ursache des Irrtums und der Falschheit erforschte. Diese Ursache kann gar keine andere sein, als die oben entwickelte, denn sowie ich den Willen beim Urteilen so zügele, daß er nur auf das klar und deutlich Erkannte sich erstreckt, so ist ein Irrtum gänzlich unmöglich; denn eine jede klare und deutliche Vorstellung ist ohne Zweifel doch *Etwas*, kann also nicht von *Nichts* kommen, sondern hat notwendigerweise *Gott* zum Urheber, – Gott, das vollkommenste Wesen, das weder irren noch lügen kann!

[45] Und somit ist die Vorstellung ganz unzweifelhaft *wahr*.

Ich habe nun heute nicht nur gelernt, wovor ich mich zu hüten habe, um nie zu irren, sondern auch, was ich zu thun habe, um zur Wahrheit zu gelangen. Ich werde dahin gelangen, wenn ich nur auf alles hinreichend achte, was ich völlig einsehe, und dies von dem anderen absondere, das ich weniger klar und deutlich erfasse. Dies soll in Zukunft mein ernstes Bestreben sein!

---

[45] Hier bezeichnet Descartes Gott als Urheber unserer Vorstellungen. Es entstand nun bald die Frage, ob Gott jede einzelne Vorstellung durch einen besonderen Akt in uns errege und uns gewissermaßen fortwährend mitteile, was außer uns vorgehe, oder ob er uns von vornherein so geschaffen habe, daß jene bestimmte Folge von Vorstellungen in steter Übereinstimmung mit den äußeren Vorgängen in uns sich entwickeln müsse. Ersteres behauptete der Occasionalismus, letzteres die Lehre von der prästabilierten Harmonie.
Eine gewisse Einschränkung erleidet übrigens die Descartes'sche Behauptung durch die Ausführungen der letzten Betrachtung. (Vgl. bes. p. 97.)

Fünfte Betrachtung.

Das Wesen der Materie und nochmals die Existenz Gottes.

Vielerlei bleibt mir nun noch zu untersuchen übrig bezüglich der Eigenschaften Gottes, vielerlei auch bezüglich meines oder meines Geistes Wesen. Doch darauf werde ich an andrer Stelle zurückkommen. Jetzt (da ich gesehen, was ich zu meiden und zu thun habe, um zur Wahrheit zu gelangen) scheint es mir viel dringlicher, daß ich aus meinen Zweifeln herauszukommen suche, in die ich während der letzten Tage geraten bin, und zusehe, ob sich etwas Gewisses über die *materiellen Dinge* ausmachen lasse.

Bevor ich jedoch untersuche, ob irgendwelche derartigen Dinge außer mir existieren, muß ich ihre Vorstellungen, soweit dieselben in meinem Denken sind, betrachten und zusehen, welche von diesen *deutlich* und welche *verworren* sind.

Deutlich stelle ich mir die Größe vor, welche die Philosophen gewöhnlich »stetig« nennen, oder die Längen-, Breiten- und Tiefen-Ausdehnung dieser Größe oder vielmehr des Dinges, das eine gewisse Größe hat. Ich unterscheide darin verschiedene Teile; jedem dieser Teile schreibe ich eine gewisse Größe, Gestalt, Lage und Ortsbewegung zu und jeder Bewegung eine gewisse Dauer.

Doch nicht allein, was ich so allgemein betrachte, ist mir ganz bekannt und klar, ich nehme auch bei einiger Aufmerksamkeit unzählige Einzelheiten an Gestalt, Zahl, Bewegung u.s.w. wahr, deren Wahrheit so offenbar und meinem Wesen entsprechend ist, daß ich nichts Neues meine kennen zu lernen, wenn ich sie zum erstenmal bemerke, sondern scheinbar nur dessen mich erinnere, was ich längst schon wußte, oder erst aufmerksam werde auf etwas, das längst schon in mir war, wenn ich auch früher den Blick meines Geistes noch nicht fest darauf gerichtet hatte.

Ganz besonders beachtenswert scheint es mir noch, daß sich in mir unzählige Vorstellungen von Dingen finden, die ich, auch wenn sie vielleicht nirgendwo außer mir existierten, doch nicht als ein bloßes Nichts bezeichnen könnte; zwar denke ich sie mir gewissermaßen willkürlich, doch sind sie nicht von mir erdacht, sie haben vielmehr, eine eigene, wahre und unveränderliche Natur. So, wenn ich mir z.B. ein Dreieck vorstelle, so mag vielleicht eine solche Figur nirgends in der Welt außer meinem Denken existieren und überhaupt nie existiert haben. Doch aber ist sie von ganz bestimmter Natur, von unveränderlicher und ewiger Form und Wesenheit, und ist von mir nicht erdichtet, hängt auch nicht von meinem Geiste ab, wie schon daraus hervorgeht, daß sich eine Reihe von Sätzen über das Dreieck beweisen lassen, wie: »die Summe der Dreieckswinkel beträgt zwei Rechte«, »dem größten Dreieckswinkel liegt die größte Seite gegenüber« u.s.w. Ob ich nun will oder nicht – diese Sätze erkenne ich jetzt ganz bestimmt an, auch wenn ich früher nie an sie dachte, wenn ich mir ein Dreieck vorstellte. Sie können also nicht von mir erdichtet sein.

Es ändert auch nichts an der Sache, wenn ich sagen wollte, jene Vorstellung von einem Dreieck sei mir vielleicht durch Vermittlung der Sinnesorgane von äußeren Dingen zugekommen, da ich ja zuweilen Körper von Dreiecksgestalt sah. Kann ich mir denn nicht unzählige andere Gestalten ausdenken, bei denen gar nicht anzunehmen ist, daß sie mir je durch die Sinne zugekommen sind? – Und doch kann ich auch von diesen, ebenso wie vom Dreieck, eine Reihe von Sätzen beweisen, die auch wirklich alle wahr sind, wenn ich sie nur klar einsehe. Sie sind also doch auch *Etwas*, kein bloßes Nichts: denn offenbar ist doch alles, was wahr ist, irgend Etwas, und daß alles wahr ist, was ich klar erkenne, das habe ich ja schon ausführlich dargethan. Hätte ich das aber auch noch nicht bewiesen, so müßte ich gleichwohl, der Natur meines Geistes gemäß, dies anerkennen, solange ich es wenigstens klar einsehe. Auch früher, als ich noch völlig am Sinnlichen hing, hielt ich, wie ich mich erinnere, alle jene Wahrheiten für die allergewissesten, die ich von Figuren oder Zahlen klar einsah oder von anderen Dingen der Arithmetik oder Geometrie oder überhaupt der reinen, abstrakten Mathematik.

Wenn nun daraus allein, daß ich die Vorstellung eines Dinges aus meinem Denken entnehmen kann, folgt, daß alles, was ich klar und deutlich als zu dem Dinge gehörig erkenne, auch wirklich dazu gehört, läßt sich dann nicht hieraus auch ein Beweis für das Dasein Gottes gewinnen?

Sicherlich finde ich die Vorstellung Gottes als des vollkommensten Wesens ganz ebenso bei mir vor, wie die Vorstellung irgend einer Gestalt oder Zahl. Ich erkenne aber ebenso klar und deutlich, daß zu *Gottes Wesen* die ewige *Existenz* gehört, wie ich eine Eigentümlichkeit, die ich von einer Figur oder Zahl nachweise, als zum Wesen dieser Figur oder Zahl gehörig, erkenne. Wäre also auch *nicht* alles das wahr, was ich in den Betrachtungen der letzten Tage fand, so müßte die Existenz Gottes doch mindestens denselben Grad von Gewißheit für mich besitzen, wie bisher die Wahrheiten der Mathematik.

Allerdings leuchtet dies wohl auf den ersten Blick nicht ganz ein, sondern sieht wie ein Sophisma aus. Ich bin nämlich gewohnt, in allen anderen Dingen die Existenz von der Wesenheit zu unterscheiden, und so komme ich leicht zu der Meinung, sie könne auch von der Wesenheit Gottes getrennt werden, sodaß man sich Gott auch als nicht-existierend denken könne. Sieht man aber genauer zu, so zeigt sich klar, daß die Existenz Gottes ebensowenig von seiner Wesenheit trennbar ist, wie vom Wesen des Dreiecks die Größe seiner Winkelsumme (= zwei Rechten), oder von der Vorstellung des Berges die Vorstellung eines Thals. Es ist also ebenso widersprechend, zu denken, Gott (– dem *vollkommensten* Wesen –) fehle die Existenz (d. h. ihm fehle eine Vollkommenheit), wie es widersprechend ist, einen Berg zu denken, zu dem das Thal fehlt!

Kann ich aber auch Gott gar nicht als nicht-existierend denken, wie ich keinen Berg ohne ein Thal denken kann, so folgt doch daraus, daß ich einen Berg mit einem Thale denke, noch lange nicht, daß ein Berg in der Welt vorhanden ist; ebensowenig aber scheint die Existenz Gottes daraus zu folgen, daß ich Gott als existierend denke! Mein Denken legt ja den Dingen keinen Zwang auf! Ich kann mir ein Flügelpferd vorstellen, wenn auch kein Pferd Flügel hat, und so kann ich wohl auch Gott die Existenz andichten, wenn es auch gar keinen Gott gäbe![46]

---

[46] Descartes macht sich hier den Einwand, aus meinem Vorstellen folge noch nicht das Sein des Vorgestellten. Er weist den Einwand zurück, da sein Beweis gar nicht vom Vorstellen im allgemeinen auf das Sein schließe, sondern nur behaupte, was wir in der Vorstellung vom Wesen eines Dinges nicht abtrennen können, das gehöre wirklich zum Wesen des Dinges. Darum gehöre das Sein

Doch hier haben wir nun *wirklich* ein Sophisma! Wenn ich mir einen Berg nicht ohne ein Thal denken kann, so folgt daraus allerdings noch lange nicht, daß irgendwo ein Thal mit dem Berge ist. Es folgt lediglich, daß Berg und Thal untrennbar *vereint* sind, einerlei ob sie existieren oder nicht! Daraus aber, daß ich mir Gott nicht anders als *seiend* denken kann, folgt eben, daß Gott und das *Sein* untrennbar vereint sind; daß also Gott ist. – Nicht, als ob mein *Denken* dies zu Wege brächte; als ob es irgend ein Ding zum Sein *zwinge!* Im Gegenteil! Die Notwendigkeit des Dinges (nämlich der Existenz Gottes) zwingt mich, so zu denken. Sonst müßte es ja in meinem Belieben liegen, Gott ohne Existenz (d.h. das vollkommenste Wesen ohne höchste Vollkommenheit) zu denken, wie es mir freisteht, ein Pferd mit oder ohne Flügel zu denken![47]

Man darf auch hier nicht etwa sagen, man müsse zwar notwendig Gott als existierend denken, nachdem einmal die Annahme gemacht ist, er besitze alle Vollkommenheiten, und dazu gehöre auch das Sein. Diese Voraussetzung aber sei gar nicht nötig gewesen. So sei es auch nicht notwendig, anzunehmen, alle Vierecke können einem Kreise eingeschrieben werden. Nehme ich es aber einmal an, so bin ich gezwungen zu sagen, auch ein Rhombus könne dem Kreise eingeschrieben werden, was ganz offenbar falsch ist!

Wie gesagt, dergleichen darf man hier nicht einwenden, denn wenn ich auch niemals notwendig auf den Gedanken Gottes zu kommen brauche, so muß ich doch dem ersten und höchsten We-

---

zum Wesen Gottes, denn es sei eine der unabtrennbaren Eigenschaften Gottes. Kant zeigte nun, daß das Sein keineswegs zu den Eigenschaften gehöre und entkräftet damit den Beweis Descartes' (»Kritik der reinen Vernunft«, Kehrbachs Ausgabe S. 468 ff.). Es ist offenbar unzutreffend, dieses Kantsche Argument für identisch zu halten mit dem Cartesischen Einwand, wie v. Kirchmann es thut!

[47] Descartes' Beweis ist im Wesentlichen identisch mit dem ontologischen Beweis des Anselm v. Canterbury. Dieser sagt, die Vollkommenheit eines seienden Dinges ist größer als die eines bloß vorgestellten. Gott, als das vollkommenste Wesen, muß also sein. Descartes sagt: ich muß Gott als existierend denken, was aber denknotwendig ist, ist wahr. Also existiert Gott. Daß wir aber Gott als existierend denken müssen, beweist er – genau wie Anselm – damit, daß das Sein zu den Vollkommenheiten gehöre, daß ein seiendes Wesen vollkommner sei, als ein nicht seiendes. Dieser Satz nun beruht auf einer ganz unklaren Auffassung von »Sein« und »Vollkommenheit«. Wie wir bereits bemerkten, hat Kant dies treffend nachgewiesen in »Kritik der reinen Vernunft«.

sen, sobald ich an es denke und seine Vorstellung gleichsam aus dem Schatze meines Geistes hervorhole, notwendig alle Vollkommenheiten zuschreiben, wenn ich sie auch nicht gleich alle aufzähle und einzeln ins Auge fasse. Diese Notwendigkeit aber genügt völlig, um nachher, wenn ich das Sein als eine Vollkommenheit erkenne,[48] richtig zu schließen, daß das erste und höchste Wesen existiert. So brauche ich auch nicht notwendig ein Dreieck vorzustellen. Sobald ich aber eine gradlinige, dreiwinklige Figur betrachten will, muß ich sie mir notwendig so beschaffen denken, daß die Summe der drei Winkel gleich zwei Rechten ist, wenn ich auch diese Eigenschaft noch gar nicht beachte. Untersuche ich aber, welche Figuren dem Kreise einbeschrieben werden können, so braucht man keineswegs notwendig anzunehmen, *alle* Vierecke gehörten dazu; ja ich kann mir dies nicht einmal einbilden, solange ich nur das klar und deutlich Erkannte gelten lassen will!

So ist also ein großer Unterschied zwischen solchen falschen Voraussetzungen und meinen wahren, angeborenen Vorstellungen, worunter die erste und hauptsächlichste die Vorstellung *Gottes* ist.

Daß diese in der That nicht erdichtet und von meinem Denken abhängig ist, sondern das Bild eines wirklichen unveränderlichen Wesens, das sehe ich aus mehreren Gründen ein. *Erstlich* kann von mir nichts Anderes außer Gott allein erdacht werden, zu dessen Wesen die Existenz gehörte. *Zweitens* kann ich mir nicht zwei oder mehr Götter dieser Art denken; setze ich aber einen als existierend, so sehe ich klar, daß dieser notwendigerweise von Ewigkeit her da war und fortbestehen wird in alle Ewigkeit. *Endlich* nehme ich auch noch vieles andere an Gott wahr, das ich nicht wegdenken, nicht anders denken kann.

Welcher Beweisart ich mich aber auch bedienen mag, immer wieder komme ich darauf zurück, daß ich nur von *dem* ganz überzeugt sein kann, was ich klar und deutlich erkenne.

Von dem so Erkannten tritt zwar einiges einem jeden entgegen, anderes aber entdecken nur die, welche genauer zusehen und sorgfältig forschen. Hat man es aber einmal entdeckt, so hält man es für

---

[48] Gerade diesen wichtigsten Punkt, auf den alles ankommt: daß das Sein eine Vollkommenheit ist, hat Descartes auffallenderweise nicht näher berührt!

ebenso gewiß wie jenes. So ist zwar nicht so ohne weiteres klar, daß im rechtwinkligen Dreieck das Quadrat der Hypotenuse gleich der Summe der Quadrate der Katheten ist. Viel leichter sieht man ein, daß diese Hypotenuse dem größten Winkel gegenüberliegt. Hat man jenes aber einmal eingesehen, so hält man es nicht weniger für wahr als dieses.

Was aber Gott anbetrifft, so würde ich sicherlich nichts eher und leichter erkennen als ihn, wenn ich nicht von Vorurteilen eingenommen wäre und die Bilder sinnlicher Dinge von allen Seiten in mein Denken eindringen. *Denn was ist an und für sich klarer, als daß das höchste Wesen, Gott, der allein in seinem Wesen schon das Dasein einschließt, existiert?*

Wenn ich auch zu dieser Erkenntnis aufmerksamer Betrachtung bedurfte, so bin ich doch nunmehr ebenso im Gewissen darüber, wie über alles andere, was mir bisher am allersichersten erschien. Ich bemerke auch außerdem, daß die Gewißheit aller anderen Dinge so sehr von jener einen Erkenntnis abhängt, daß man ohne sie niemals irgend etwas vollkommen zu erkennen vermag.

Zwar bin ich so beschaffen, daß ich etwas für wahr halten muß, so lange ich es ganz klar und deutlich erkenne; andrerseits kann ich aber meiner Natur gemäß mein geistiges Auge nicht immer unverwandt auf denselben Gegenstand richten, um ihn klar aufzufassen, und oft falle ich in meine alten Vorurteile zurück. Wenn ich nun nicht mehr auf die Gründe achte, aus denen ich ein solches Urteil fälle, so könnten mir andere Gründe entgegentreten, die mich leicht von der Meinung abbringen könnten, und so hätte ich nie von irgend etwas eine wahre und gewisse Kenntnis, sondern nur unbestimmte, veränderliche *Meinungen.*

Wenn ich z. B. das Wesen des Dreiecks betrachte, so erscheint es mit, da ich mit den Prinzipien der Geometrie vertraut bin, ganz klar, daß die drei Winkel des Dreiecks zusammen zwei Rechte betragen, und ich muß dies für wahr halten, solange ich den Beweis vor Augen habe. Sowie ich aber meinen geistigen Blick von diesem wegwende, so kann es leicht vorkommen (selbst wenn ich noch daran denke, wie überaus klar ich den Satz einsah), daß ich seine Wahrheit bezweifle, wenn ich nicht an Gott denke. Ich könnte mir nämlich einreden, ich sei von Natur so beschaffen, daß ich zuweilen selbst darin irre, was ich aufs klarste zu erfassen meine; besonders wenn ich daran denke, wie oft ich vieles für wahr und gewiß hielt, was ich später aus anderen Gründen für falsch erklärte.

Nun habe ich aber Gottes Dasein erkannt, und habe gleichzeitig erkannt, daß alles andere von *Gott* abhängt und daß er nicht irren und lügen kann, und daraus habe ich entnommen, daß alles, was ich klar und deutlich erkenne, wahr ist. Wenn ich daher nun auch nicht weiter auf die Gründe achte, aus denen ich gerade ein solches Urteil fällte, so brauche ich mich nur zu erinnern, daß ich einmal einen klaren und deutlichen Einblick in die Sache hatte, und es läßt sich kein Gegengrund beibringen, der mich zweifelhaft machen könnte; ich habe vielmehr *eine wahre und sichere Kenntnis* von der Sache; aber nicht nur in diesem Fall, sondern auch bezüglich alles dessen, was ich mich erinnere einmal bewiesen zu haben, wie z. B. die Sätze der Geometrie u. s. w.

Was könnte man mir denn jetzt noch entgegenhalten? Ich sei so beschaffen, daß ich oft irre? – Ich weiß ja aber nun, daß ich in dem, was ich klar einsehe, nicht irren *kann*!

Oder, ich habe sonst vieles für wahr und gewiß gehalten, was ich später für falsch befand? – Doch von alledem hatte ich nichts *klar und deutlich* erfaßt! Ohne Kenntnis dieses Kriteriums der Wahrheit hatte ich es wohl aus irgendwelchen *anderen* Gründen für wahr gehalten, deren Schwäche ich erst später entdeckte.

Was will man also sagen? Etwa (wie ich neulich selbst mir entgegenhielt) daß ich wohl träume, oder daß alles, was ich nun denke, ebensowenig wahr sei, wie das, was mir im Traume in den Sinn kommt? – Allein auch dies ändert nichts an der Sache! Selbst wenn ich *schlafe*, wäre alles durchaus *wahr*, was mein Verstand vollkommen klar einsähe.

So sehe ich es also nun ganz offenbar, daß die Gewißheit und Wahrheit alles Wissens allein von der Erkenntnis des wahren Gottes abhängt, sodaß ich von nichts Anderem eine vollkommene Kenntnis erlangen kann, bevor ich von Gott Kenntnis habe. Jetzt aber kann mir Unzähliges ganz bekannt und gewiß sein, sowohl von Gott und den übrigen geistigen Wesen, wie auch von jener ganzen Körperwelt, welche Gegenstand der reinen Mathematik ist.

Sechste Betrachtung.

Das Dasein der Körper und der Wesensunterschied zwischen Leib und Seele.

Es bleibt nur nun noch zu untersuchen übrig, ob es *Körper* giebt.

Zum wenigsten weiß ich nun, daß sie, soweit sie Gegenstand der reinen Mathematik sind, existieren *können*, da ich diese klar und deutlich erfasse. Denn Gott ist ohne Zweifel imstande, alles das zu bewirken, was ich so klar aufzufassen imstande bin; nur wenn ein Ding eine deutliche Auffassung nicht *zuläßt*, ist es meiner Meinung nach für Gott unmöglich.

Außerdem scheint das Vorstellungsvermögen, dessen Gebrauch mir bewußt ist, wenn ich mich mit materiellen Gegenständen befasse, die Existenz solcher Gegenstände zu beweisen. Denn genau betrachtet scheint mir das Vorstellungsvermögen nur eine Anwendung des Erkenntnisvermögens auf einen Körper zu sein, der ihm innerlich gegenwärtig ist und mithin existiert.

Um dies klar zu machen, prüfe ich zunächst den Unterschied zwischen dem Vorstellen und dem reinen Erkennen. Stelle ich mir z.B. ein Dreieck vor, so sehe ich nicht nur, daß dies eine von drei Linien eingeschlossene Figur ist, vielmehr schaut auch mein geistiges Auge gleichsam jene drei Linien an als ständen sie vor mir, und dies nenne ich »*vorstellen*«. Will ich mir aber ein Tausendeck denken, so erkenne ich ebensowohl, daß dies eine aus tausend Seiten gebildete Figur ist, wie ich das Dreieck als dreiseitige Figur erkenne; *vorstellen* aber oder gegenwärtig anschauen kann ich mir diese tausend Seiten nicht ganz so leicht.

Gewohnt, mir stets irgend etwas vorzustellen, wenn ich an etwas Körperliches denke, vergegenwärtige ich mir zwar auch dann irgend eine unbestimmte Figur; ein Tausendeck aber ist dies offenbar nicht, denn ich könnte mir unter genau dieser nämlichen Vorstellung auch ein Zehntausendeck oder eine andere Figur von noch mehr Seiten denken! Die charakteristischen Unterschiede zwischen Tausendeck und anderen Vielecken vermag ich aus dieser Vorstellung nicht zu erkennen!

Handelt es sich aber um ein Fünfeck, so kann ich zwar seine Figur ohne Hilfe der Vorstellung erkennen, wie beim Tausendeck; ich kann sie mir aber auch vorstellen, indem ich mein Augenmerk auf die fünf Seiten richte und auf die von ihnen eingeschlossene Fläche. So bemerke ich hier, daß zum Vorstellen eine besondere *Geistesanstrengung* erforderlich ist, deren ich beim Erkennen *nicht* bedarf. Darin zeigt sich klar der Unterschied zwischen Vorstellen und reinem Erkennen.

Zudem ist auch, wie ich sehe, jenes Vorstellungsvermögen in mir, soweit es sich vom Erkenntnisvermögen unterscheidet, zu meinem, d.h. meines Geistes Wesen gar nicht erforderlich. Denn, hätte ich es auch nicht, so würde ich doch trotzdem derselbe bleiben, der ich nun bin. Es scheint sonach durch etwas von mir Verschiedenes bedingt zu sein!

Nun ist leicht ersichtlich: gäbe es einen Körper, mit dem mein Geist so innig verbunden ist, daß er sich nur nach ihm hinzuwenden braucht, um ihn gleichsam nach Belieben zu betrachten, so wäre es möglich, daß ich so zu *Vorstellungen* körperlicher Gegenstände gelangte. Diese Art des Denkens unterschiede sich dann nur dadurch vom reinen Erkennen, daß der Geist beim Erkennen sich gleichsam auf sich *selbst* richtet und einen der ihm innewohnenden Gedanken ins Auge faßt. Beim Vorstellen aber wendet er sich dem Körper zu und schaut in ihm etwas seinem Gedanken (– den er aus sich selbst oder aus den Sinnen haben kann –) Entsprechendes an.

Daß das Vorstellen so zustande kommen kann, wenn es wirklich Körper giebt, das ist, wie gesagt, leicht ersichtlich. Nun findet sich aber keine passendere Erklärungsart und ich vermute daher, daß ein Körper *existiert*. Doch *vermute* ich es nur. Einen Grund, aus dem mit *Notwendigkeit* das Dasein eines Körpers folgte, vermag ich selbst bei sorgfältigster Prüfung nicht aus der ganz deutlichen Vorstellung des Körperwesens zu entnehmen, die ich in meinem Vorstellen finde.

Ich pflege aber außer jenem körperlichen Wesen, das Gegenstand der reinen Mathematik ist, noch vieles andere vorzustellen, wie Farben, Töne, Geschmack, Schmerz und ähnliches, nichts aber mit solcher Deutlichkeit. Dies aber nehme ich besser durch die Sinne wahr, von denen es mit Hilfe des Gedächtnisses zur Vorstellung gelangt zu sein scheint. Um es nun bequemer untersuchen zu können, müssen wir mit derselben Sorgfalt auch das sinnliche Empfinden behandeln und zusehen, ob sich ein sicherer Beweis für das Dasein von Körpern aus jener Denkweise gewinnen läßt, die ich »Empfinden« nenne.

Zuerst will ich mir darum hier wieder ins Gedächtnis rufen, was das war, das ich früher als sinnliche Wahrnehmung für *wahr* hielt, und *warum* ich es für wahr hielt. Dann will ich auch die Gründe erwägen, warum ich später darüber Zweifel hegte. Dann will ich zusehen, was ich *nun* davon zu halten habe.

Erstlich also sagten mir die Sinne, ich habe einen Kopf, Hände, Füße und die übrigen Glieder, die jenen *Leib* bilden, den ich als zu mir gehörig, ja als mein ganzes Ich ausmachend ansah.

Dieser Körper befand sich, meiner Wahrnehmung gemäß, unter vielen anderen Körpern, die ihn angenehm oder unangenehm beeinflussen können. Das Angenehme bemaß ich nach dem Gefühle der Lust, das Unangenehme nach dem des Schmerzes. Außer Lust und Schmerz empfand ich aber auch Hunger, Durst und andere derartige Gelüste, ferner gewisse körperliche Anlagen zu Frohsinn, Traurigkeit, Zorn und anderen ähnlichen Gemütsbewegungen.

Außerhalb aber nahm ich außer der Ausdehnung, Gestalt und Bewegung auch Härte, Wärme, und andere fühlbare Eigenschaften an den Körpern wahr, ferner Licht und Farben, Gerüche, Geschmack und Töne, und je nach ihrer Verschiedenheit unterschied ich Himmel und Erde und die anderen Körper voneinander.

In Anbetracht der Vorstellungen aller Eigenschaften, die sich meinem Denken darboten und die allein ich eigentlich und unmittelbar empfand, glaubte ich nicht ohne Grund gewisse von meinem Denken ganz verschiedene Dinge wahrzunehmen, nämlich Körper, von denen jene Vorstellungen ausgingen. Ich merkte nämlich, daß sie ganz ohne mein Zuthun sich einstellen, sodaß ich auch wenn ich es wollte, kein Objekt wahrnehmen könnte, das nicht dem Sinnesorgan gegenwärtig wäre, daß ich es aber denken *muß*, wenn es diesem gegenwärtig ist. Da ferner die sinnlichen Wahrnehmungen weit lebhafter und bestimmter und in ihrer Art auch weit deutlicher sind als alle, die ich selbst mit bewußter Überlegung durch Nachdenken bildete oder meinem Gedächtnis eingeprägt vorfand, so schienen sie aus *mir* gar nicht hervorgehen zu können. So blieb nur übrig, daß sie von anderen Dingen herkämen. Da ich aber von diesen Dingen einzig und allein durch meine *Vorstellungen* Kenntnis hatte, dachte ich gar nicht anders, als die Dinge seien diesen ähnlich.

Ich erinnerte mich auch, daß ich mich der Sinne früher bediente als der Vernunft; ich sah, daß die von mir selbst gebildeten Vorstellungen nicht so ausgeprägt wie die sinnlich wahrgenommenen seien, und daß sie meist aus Teilen der letzteren zusammengesetzt sind. So redete ich mir leicht ein, ich habe überhaupt keine Vorstellung im Verstande, die ich nicht vorher durch die Sinne empfangen hätte.

Nicht ohne Grund war ich auch der Meinung, daß jener Körper, den ich mit ganz besonderem Rechte den meinigen nannte, viel enger zu mir gehörte als jeder andere. Von ihm konnte ich nicht, wie von den anderen, mich trennen; in ihm und für ihn fühlte ich alle Triebe und Affekte; den Schmerz und den Kitzel der Lust empfinde ich in Teilen des Körpers, nicht in etwas außer ihm Liegendem. Warum aber aus dieser nicht näher zu beschreibenden Schmerzempfindung eine Traurigkeit in meinem Gemüte und aus der Empfindung des Kitzels eine Freude folgt, warum jenes undefinierbare Brennen im Magen, das ich Hunger nenne, für mich eine Aufforderung ist, zu essen, die Trockenheit der Kehle eine Mahnung zu trinken u.s.w., dafür hatte ich nur die eine Erklärung: die Natur hat es mich so gelehrt. Es besteht nämlich gar kein innerer Zusammenhang (wenigstens kenne ich keinen) zwischen jenem Brennen und dem Willen zu essen, zwischen der Empfindung von etwas Schmerzbringendem und der Traurigkeit des Geistes, die aus dieser Empfindung hervorgeht.

Aber auch alles andere, was ich bezüglich der Sinnesobjekte annahm, schien die Natur mich gelehrt zu haben. Schon ehe ich irgend einen Beweisgrund erwogen, war ich ja überzeugt, daß der Gegenstand gerade so beschaffen sei!

Später haben aber allmählich vielerlei Erfahrungen das ganze Zutrauen, das ich den Sinnen schenkte, erschüttert. Türme, die von ferne rund aussahen, erschienen von nahem viereckig und mächtige Statuen, die oben standen, nahmen sich von unten gesehen gar nicht groß aus, und noch in unzähligen anderen Fällen der Art merkte ich, daß das Urteil der äußeren Sinne trügerisch war; ja nicht bloß der äußeren, auch das der inneren Sinne! Mit was kann ich wohl vertrauter sein als mit meinem Schmerze? Und doch, ich hörte manchmal von Leuten, denen man ein Bein oder einen Arm abgenommen hatte, es käme ihnen zuweilen vor als schmerzte der fehlende Körperteil. So schien es mir denn sogar ein wenig ungewiß, ob ein Glied mich schmerzt, selbst wenn ich den Schmerz in ihm fühle.

Hierzu kommen nun noch jene beiden ganz allgemeinen Zweifelsgründe, die ich neulich anführte. Erstens nämlich kann ich alles, was ich wachend zu empfinden glaube, auch im Schlafe einmal zu empfinden meinen. Nun glaube ich aber nicht, daß das, was ich dem Anscheine nach im Schlaf empfinde, wirklich von außer mir liegenden Dingen herrührt, und so sah ich nicht ein, warum ich dies eher von den Empfindungen glauben soll, die ich im *Wachen* zu haben scheine. – Zweitens aber kannte ich den Urheber meines Daseins noch nicht oder setzte ihn wenigstens als unbekannt voraus, und so sah ich nicht, warum ich nicht von Natur so hätte beschaffen sein können, daß ich selbst dann irrte, wenn mir etwas ganz wahr erschien.

Auf die Gründe aber, die mich früher von der *Wahrheit* der sinnlichen Gegenstände überzeugten, fand ich leicht die Erwiderung. Ich sah, daß die Vernunft vielem widerrät, wozu meine Natur mich antreibt, und so glaubte ich den Lehren der Natur nicht viel Vertrauen schenken zu dürfen. Zwar sind die sinnlichen Wahrnehmungen unabhängig von meiner Willkür; ich glaubte aber doch nicht schließen zu dürfen, sie gingen von Dingen aus, die von mir verschieden sind, da ich vielleicht ein Vermögen besitze, das ich nur noch nicht kenne, und durch das ich sie hervorbringe.

Nun aber beginne ich mich und meinen Schöpfer besser zu erkennen. Ich glaube zwar nicht, jetzt alles, was mir die Sinne zu bieten scheinen, ohne weiteres hinnehmen zu sollen; ebensowenig aber darf ich einfach alles in Zweifel ziehen!

Erstlich weiß ich, daß alles, was ich klar und deutlich einsehe, von Gott so geschaffen sein könnte, wie ich es erkenne, und wenn ich ein Ding klar und deutlich von einem anderen getrennt zu erkennen vermag, so genügt dies, um mich zu vergewissern, daß die beiden wirklich *verschieden* sind, da sie einzeln für sich von Gott ins Dasein gesetzt werden können. Worauf das beruht, daß ich sie für verschieden halte, ist dabei gleichgültig. Somit schließe ich *daraus*, daß ich von meiner Existenz weiß und dabei nur das Eine als zu meiner Natur oder Wesenheit gehörig erkenne, nämlich daß ich ein denkendes Wesen bin, – mit Recht schließe ich daraus, daß meine Wesenheit *nur* darin *allein* besteht, daß ich ein *denkendes Wesen* bin, d.h. eine Substanz, deren ganze Natur und Wesenheit lediglich im *Denken* besteht.

Zwar habe ich vielleicht (bald werde ich sagen können: »gewiß!«) einen Körper, der aufs innigste mit mir verbunden ist. Einerseits aber habe ich eine klare und deutliche Vorstellung meiner selbst, sofern ich lediglich *denkendes, nicht* ausgedehntes Wesen bin. Andrerseits habe ich eine deutliche Vorstellung vom Körper, sofern er lediglich *ausgedehntes, nicht* denkendes Wesen ist. Somit ist sicher, daß ich *wirklich* etwas Anderes als der Körper bin und *ohne* ihn existieren kann.[49] *Zweitens* finde ich in mir gewisse Vermögen, denen besondere Denkweisen zukommen: das (sinnliche) Vorstellungsvermögen und das Empfindungsvermögen. Ich kann mich vollständig auch *ohne* diese klar und deutlich erkennen, nicht aber umgekehrt jene ohne mich, d.h. ohne die denkende Substanz, der sie innewohnen. Ihrem Wesen nach aufgefaßt schließen sie nämlich ein Denken in sich. Daraus ersehe ich, daß sie sich zu mir verhalten wie die Eigenschaften zum Dinge.

---

[49] Es beruht auf einem Irrtum, daß Denken und Ausdehnung wirklich ganz voneinander getrennt werden können. Descartes behandelt beide als vollkommne Gegensätze. Wäre dies richtig, so bliebe die Vereinigung von Körper und Geist nicht nur unbegreiflich, sondern wäre geradezu widersprechend. Descartes bereitet denn auch die Thatsache der Vereinigung von Leib und Seele nicht geringe Verlegenheiten, über die er sich durch die verschiedensten Vergleiche und Annahmen vergeblich hinwegzuhelfen sucht (besonders in Respons. und Princ. Phil.). Auch der Begriff eines lediglich denkenden und lediglich ausgedehnten Wesens hat an sich seine unüberwindlichen Schwierigkeiten, mit denen Descartes besonders in späterer Zeit viel zu kämpfen hatte (vgl. Descartes Briefwechsel). Kants unsterbliches Verdienst war es, das Verhältnis von Ausdehnung (Raum) und Denken im wesentlichen richtig erkannt und das Fundament für alle weitere Forschung festgelegt zu haben. Descartes Verdienst wird dadurch nicht geschmälert: er hat allererst den Weg gezeigt und angebahnt, der zur Wahrheit führt!

Ich erkenne auch gewisse andere Fähigkeiten: den Ort zu verändern, verschiedene Gestalten anzunehmen u.s.w. Diese können ebensowenig, wie die schon erwähnten ohne eine Substanz gedacht werden, der sie innewohnen, und können also auch nicht ohne eine solche *bestehen*. Offenbar aber können sie, wenn sie bestehen, nur der körperlichen oder ausgedehnten Substanz angehören, nicht aber der erkennenden, da ihre klare und deutliche Auffassung zwar Ausdehnung, aber gar kein Denken einschließt.

Nun besitze ich aber ein *passives* Vermögen, zu empfinden oder Vorstellungen sinnlicher Dinge zu empfangen und zu erkennen. Ich könnte aber gar keinen Gebrauch davon machen, wenn es nicht auch ein *aktives* Vermögen in mir oder außer mir gäbe, welches jene Vorstellungen verursacht oder hervorruft. In *mir* kann dies nun aber nicht liegen. Es setzt ja gar kein Denken voraus und die sinnlichen Vorstellungen entstehen auch ganz ohne mein Zuthun, oft sogar gegen meinen Willen. Es bleibt also nur übrig, daß jenes Vermögen in einer von mir *verschiedenen* Substanz sich finde. In dieser muß nun, wie wir oben sahen, alle Realität wirklich oder noch in höherem Grade enthalten sein, die wir in den Vorstellungen vergegenständlicht finden, welche jenes Vermögen hervorruft. Sonach ist jene Substanz entweder Körper, körperliches Wesen und enthält also wirklich alles ebenso, wie es in den Vorstellungen sich darstellt, oder sie ist Gott oder ein höheres Geschöpf als der Körper, das vermöge seiner höheren Macht jene vorgestellte Realität hervorzurufen imstande ist.

Da nun aber Gott *wahrhaftig* ist, so kann er offenbar weder selbst mir jene Vorstellungen unmittelbar eingeben, noch auch mittelbar durch ein anderes Wesen, das nicht wirklich das in sich schlösse, was ich mir als real vorstelle, sondern nur vermöge seiner höheren Macht Vorstellungen von solcher Realität in mir zu erregen vermöchte.[50] Gott hat mir ja gar nicht die Fähigkeit verliehen, dies

---

[50] Die Worte: »Das nicht wirklich ... erregen vermöchte« geben das lateinische: »in qua earum realitas objectiva non formaliter, sed eminenter tantum contineatur« wieder, formaliter und eminenter lassen sich hier nicht wohl mit »in gleichem Maße« und »in höherem Maße« (v. Kirchmann) oder durch einen anderen einfachen Ausdruck wiedergeben. Das »tantum« macht eine genauere Wiedergabe des Sinnes erforderlich, was nur durch Umschreibung möglich ist. Die unveränderte Herübernahme der scholastischen Ausdrücke (Kuno Fischer)

herauszufinden; er pflanzte mir im Gegenteil eine große Neigung ein, zu glauben, jene Vorstellungen kämen von *Körpern* her. Wie könnte ich ihn noch für *wahrhaftig* halten, wenn sie nun *doch* wo anders herkämen als von Körpern?[51]

So giebt es also wirklich Körper!

Vielleicht aber existieren nicht alle genau so, wie ich sie sinnlich wahrnehme, denn die sinnliche Wahrnehmung ist vielfach sehr dunkel und verworren. Wenigstens findet sich aber alles das an den Körpern, was ich klar und deutlich erkenne, d.h. alle jene allgemeinen Eigenschaften, die den Gegenstand der reinen Mathematik bilden.

Andere Bestimmtheiten betreffen entweder nur Einzelheiten, wie Gestalt und Größe der *Sonne* u.s.w., oder wir haben nur einen unklaren Begriff von ihnen, so von Licht, Schall, Schmerz und ähnlichen. Diese stellen uns nun zwar nichts Zweifelloses, Gewisses dar. Allein Gott täuscht uns nicht und etwas Falsches kann sich also in meinen Ansichten nicht finden, *es sei denn, daß Gott mir auch das Vermögen gab, den Irrtum zu berichtigen.* Dies gewährt mir die sichere Hoffnung, auch hierin zur Wahrheit zu gelangen.

In der That hat alles, was die Natur mich lehrt, einen gewissen Grad von Wahrheit. Unter *Natur* im allgemeinen verstehe ich nämlich jetzt nichts anderes als entweder *Gott selbst* oder die von Gott eingesetzte *Weltordnung;* unter meiner *eigenen* Natur im besonderen aber verstehe ich lediglich den Inbegriff alles dessen, was Gott mir verliehen hat.

Nun sagt mir diese Natur aber aufs allerausdrücklichste, ich habe einen Körper, dessen Wohlbefinden gestört ist, wenn ich Schmerz empfinde; der Speise oder Trank bedarf, wenn ich Hunger oder Durst empfinde u.dgl. Ich muß also annehmen, es sei etwas Wahres daran.

Weiter lehrt mich die Natur durch die Empfindungen des Schmerzes, des Hungers, Durstes u.s.w., ich sei meinem Leibe nicht nur zugesellt wie etwa ein Schiffer dem Schiffe, sondern sei aufs

---

scheint, da dieselben heute zu wenig geläufig sind, in dieser Übersetzung nicht ratsam.

[51] Vgl. S. 79.

innigste mit ihm vereint, ich durchdringe ihn gleichsam und bilde mit ihm ein einheitliches Ganzes. Wie könnte sonst ich, ein lediglich *denkendes* Wesen, bei einer Verletzung des *Körpers* Schmerz empfinden? Ich würde jene Verletzung rein geistig wahrnehmen, wie das Auge des Schiffers es wahrnimmt, wenn am Schiffe etwas zerbricht, und wenn mein Körper Speise oder Trank bedarf, so würde ich dies ausdrücklich *wissen* und hätte nicht das unklare Hunger- oder Durstgefühl. Denn jene Gefühle von Hunger, Durst, Schmerz u.s.w. sind sicherlich nur verworrene Gedanken von besonderer Art, die in der Vereinigung und gleichsam Verquickung von Leib und Seele ihren Ursprung haben.

Fernerhin lehrt mich die Natur auch, daß mein Körper von verschiedenen anderen Körpern umgeben ist, die ich teils suchen, teils fliehen muß. Da ich nun sehr verschiedenartige Empfindungen von Farbe, Schall, Geruch, Geschmack, Wärme, Härte u.s.w. habe, so schließe ich gewiß mit Recht, es gebe in den Körpern, von denen jene Sinneswahrnehmungen herrühren, *entsprechend* verschiedene Eigenschaften, wenn sie auch mit unseren Empfindungen vielleicht keine Ähnlichkeit haben. Auch geht daraus, daß von jenen Wahrnehmungen die einen mir angenehm, die anderen unangenehm sind, mit Sicherheit hervor, daß mein Körper oder vielmehr mein ganzes Ich, insofern ich aus Leib und Seele bestehe, von den umliegenden Körpern in verschiedener Weise angenehm und unangenehm beeinflußt werden kann.

Nun giebt es aber auch vieles andere, das mich zwar scheinbar die Natur lehrte, aber doch rührt es nicht von ihr her, sondern von der Angewohnheit, unüberlegt zu urteilen, und so kommt es leicht vor, daß ich darin irre; so z.B. wenn ich meine, aller Raum, der nichts sinnlich Wahrnehmbares enthält, sei leer, ein warmer Körper enthalte etwas der Wärmeempfindung ähnliches, das empfundene Weiß oder Grün sei ebenso in dem weißen oder grünen Körper, in dem bitteren oder süßen sei der betreffende Geschmack u.s.w.,[52]

---

[52] Hiermit ist die Subjektivität der empfindbaren Qualitäten ausgesprochen. Die erregenden Ursachen der Empfindungen bestimmt Descartes an anderen Orten als Bewegungen (man vgl. auch S.104). Schon vor ihm hatte Galilei diese Lehre mit aller Klarheit ausgesprochen (vgl. Natorp, Descartes' Erkenntnistheorie, S. 135). Durch die moderne Physik und Physiologie hat sie ihre allseitige Bestätigung und tiefere Begründung erfahren.

oder Sterne, Türme und andere entfernte Körper hätten nur gerade jene Größe und Gestalt, in der sie meinen Sinnen erscheinen und ähnliches mehr.

Doch um alle Unklarheit zu beseitigen, muß ich genauer feststellen, was ich eigentlich damit meine, wenn ich sage, die Natur lehre mich etwas. Ich nehme nämlich »Natur« hier in einem engeren Sinne, nicht als Inbegriff alles dessen, was Gott mir verliehen. Darin wäre nämlich vieles rein Geistige enthalten (so die Erkenntnis, daß Geschehenes nicht ungeschehen sein kann und vieles andere, das ich durch mein natürliches Erkenntnisvermögen weiß); von diesem ist nicht die Rede. Auch vieles nur auf den Körper Bezügliche wäre einbegriffen (sodaß er nach unten strebt und ähnliches) um das es sich ebenfalls nicht handelt. Nur um das handelt es sich, was Gott mir verlieh, inwiefern ich aus *Körper und Geist* bestehe.

Insofern nun lehrt mich die Natur, zu fliehen, was Schmerzempfindung bereitet, zu erstreben, was Lust bereitet und ähnliches. Sie scheint uns aber *nicht* außerdem noch zu lehren, daß wir aus jenen sinnlichen Erregungen ohne vorherige Prüfung durch den Verstand einen Schluß auf die Dinge außer uns ziehen dürfen, denn die Erkenntnis der Wahrheit scheint nur dem Geiste allein, nicht aber der *Vereinigung* von Körper und Geist anzugehören.

Wenn also auch ein Stern mein Auge nicht *mehr* erregt, als die Flamme einer kleinen Fackel, so liegt doch darin keine wirkliche, positive Nötigung zu der Annahme, er sei in der That nicht größer. Ich habe dies von Jugend auf ganz ohne Grund geglaubt. – Wenn ich mich einem Feuer nähere, so fühle ich zwar Wärme, und wenn ich ihm allzu nahe komme, empfinde ich Schmerz. Aber dies ist wahrlich kein Grund zu glauben, im Feuer sei etwas dem Wärmegefühl oder gar dem Schmerze ähnliches; es beweist vielmehr lediglich, daß im Feuer ein gewisses irgendwie beschaffenes Etwas ist, das in uns die Wärme- oder Schmerzempfindung erregt. – Ebenso, wenn ich auch irgendwo im Raume nichts sinnlich wahrzunehmen vermag, so folgt doch noch nicht, daß dort kein Körper sei, vielmehr werde ich gewahr, wie sehr ich daran gewöhnt bin, hier und in vielen anderen Fällen die natürliche Ordnung umzukehren!

Die sinnlichen Wahrnehmungen sind mir nämlich eigentlich nur dazu von der Natur verliehen, um dem Geiste anzuzeigen, was dem

Ganzen, dessen Teil er ist, zuträglich oder nicht ist, und dafür sind sie klar und deutlich genug. Ich lasse sie mir aber als sichere Richtschnur dienen, um ohne weiteres über das Wesen der körperlichen Außenwelt zu entscheiden, während sie doch hierfür nur ganz dunkle und unbestimmte Anhaltspunkte geben!

Wie trotz der Güte Gottes meine Urteile falsch sein können, das habe ich schon oben genugsam erkannt. Nun bietet sich aber hier eine neue Schwierigkeit dar bezüglich dessen, was mir die Natur als begehrens- oder vermeidenswert hinstellt, sowie ferner bezüglich der inneren Sinne, bei denen ich Irrtümer entdeckt zu haben meine. So läßt sich z. B. einer durch den Wohlgeschmack einer Speise verleiten, das Gift, das sie in sich birgt, zu sich zu nehmen. Allein diesen treibt dann die Natur nur an, ein Wohlschmeckendes, nicht aber ein Gift, von dem er ja gar nichts weiß, zu sich zu nehmen, und daraus läßt sich nur folgern, daß die menschliche Natur nicht allwissend ist. Dies aber ist gar nicht wunderbar, denn der Mensch ist ein endliches Wesen und so kommt auch seiner Natur nur eine beschränkte Vollkommenheit zu.

Allein nicht selten irren wir auch in dem, wozu uns geradezu die Natur antreibt. So verlangt z. B. ein Kranker nach einem Getränk oder einer Speise, das ihm bald darauf Schaden bringt. Nun könnte man ja wohl sagen, ein solcher Kranker irre, weil seine Natur gestört sei. Allein dies hebt die Schwierigkeit nicht. Ist doch ein kranker Mensch ebenso gewiß ein Geschöpf Gottes, wie ein gesunder! Es wäre ganz ebenso widersprechend, daß Gott diesem eine unwahre Natur gegeben hätte!

Eine Uhr, die aus Rädern und Gewichten besteht, folgt ganz ebenso genau allen Naturgesetzen, ob sie nun verkehrt eingerichtet ist und die Stunden unrichtig anzeigt, oder ob sie in allen Stücken dem Wunsche des Künstlers entspricht. So kann ich auch den menschlichen Leib als eine Art Maschine ansehen, die aus Knochen, Nerven, Muskeln, Adern, Blut und Haut besteht und so eingerichtet ist, daß er auch *ohne* den Geist alle jene Bewegungen vollzöge, die jetzt ohne unseren Willen, also ohne den Geist zustande kommen. Dann ist leicht ersichtlich, daß er, wenn er beispielsweise an Wassersucht leidet, seiner Natur nach ganz ebenso jene Trockenheit der Kehle erleidet, die sich dem Geist als Durstempfindung darstellt, und daß dadurch auch die Nerven und die anderen Körperteile ganz ebenso dazu hindrängen, daß er den Trank nimmt, der die Krankheit steigert, wie er ohne eine solche Krankheit durch eine ähnliche Trockenheit der Kehle dazu gebracht würde, einen nützlichen Trank zu sich zu nehmen.

Zwar kann ich mit Rücksicht auf den Zweck der Uhr sagen, sie entspreche nicht ihrer natürlichen Bestimmung, wenn sie die Stunden falsch angiebt; ganz ebenso könnte ich auch die Maschine des menschlichen Körpers als von Natur bestimmt für die gewöhnlichen Bewegungen ansehen und könnte meinen, es sei ihrer natürlichen Bestimmung zuwider, wenn die Kehle trocken ist, solange das Trinken für die Erhaltung des Körpers ohne Nutzen ist. Allein ich merke recht wohl, daß diese letztere Auffassung von »Natur« von der anderen sehr verschieden ist. Sie ist nämlich eine bloß rein äußerliche Benennung, die ich aus meinem Denken herleite, indem ich den kranken Menschen und die schlechte Uhr mit der Vorstellung des gesunden Menschen und der guten Uhr vergleiche. In jenem anderen Sinne dagegen verstehe ich unter »Natur« etwas, das sich wirklich bei den Dingen findet. Daran ist also etwas Wahres.

So ist es also zwar eine rein äußerliche Bezeichnung, wenn ich im Hinblick auf den wassersüchtigen Körper dessen Natur verdorben nenne, weil seine Kehle trocken ist, ohne daß er des Trankes bedarf. Hinsichtlich des ganzen Menschen oder des Geistes, der mit einem solchen Körper vereint ist, ist es aber gleichwohl sicherlich *keine* leere Benennung, vielmehr ist es ein tatsächlicher *Irrtum*, daß er dürstet, während das Trinken ihm schaden würde. So bleibt hier also noch die Frage offen, wie es sich mit der Güte Gottes verträgt, daß die Natur in diesem Sinne uns täuscht?

Da bemerke ich nun in erster Linie einen großen Unterschied zwischen Körper und Geist, insofern nämlich der Körper seiner Natur nach stets *teilbar*, der Geist aber durchaus *unteilbar* ist. In der That, achte ich hierauf, betrachte ich mich selbst lediglich als *denkendes* Wesen, so kann ich keine Teile in mir unterscheiden, vielmehr erkenne ich in mir ein durchaus einheitliches Ganzes.

Zwar scheint der ganze Geist mit dem ganzen Körper vereint zu sein; verliere ich aber einen Fuß, einen Arm oder einen anderen Körperteil, so merke ich doch nicht, daß etwas am Geiste fehlt!

Auch die verschiedenen Vermögen des Geistes, das Wollen, Empfinden, Erkennen u. s. w. können nicht etwa als *Teile* desselben aufgefaßt werden, denn es ist derselbe Eine Geist, der will, der empfindet, der erkennt!

Hingegen kann ich mir keinen Körper, nichts Ausgedehntes denken, das ich mir nicht mit Leichtigkeit in Teile zerlegt denken könnte, und so erkenne ich dessen Teilbarkeit.

Dies allein würde genügen, mir den gänzlichen Unterschied von Geist und Körper zu beweisen, wenn ich es jetzt nicht schon aus anderen Gründen klar erkannt hätte!

Weiterhin bemerke ich, daß der Geist nicht von allen Teilen des Körpers unmittelbar Eindrücke empfängt, sondern nur vom Gehirn, vielleicht sogar nur von einem kleinen Teile desselben, nämlich von dem, welcher Sitz des Gemeinsinns sein soll. Sowie in diesem ganz dieselben Zustände gegeben sind, stellt er auch dem Geiste dasselbe dar, wie verschieden auch unterdessen die Verhältnisse in den übrigen Körperteilen sein mögen. Zahlreiche Erfahrungen, auf die wir hier nicht näher einzugehen brauchen, bestätigen dies.

Ich bemerke außerdem, daß mein Körper so beschaffen ist, daß keiner seiner Teile durch einen etwas entfernteren Teil erregt werden kann, ohne daß er auch ganz *ebenso* von jedem der *zwischen*liegenden Teile aus erregt werden könnte, wenn auch der entferntere Teil *nicht* mitwirkt.

Denken wir uns z.B. ein Seil *A B C D*; es finde an seinem äußersten Ende *D* ein Zug statt. Der erste Teil *A* wird sich ganz ebenso bewegen, wie es auch der Fall sein würde, wenn der Zug von einem zwischenliegenden Punkte *B* oder *C* stattfände und *D* in Ruhe bliebe. In ganz ähnlicher Weise zeigt die Physik, wenn ich Schmerzen im Fuß empfinde, daß dies durch Vermittlung der im Fuß verbreiteten Nerven geschehe, die sich von da wie Fäden bis in das Gehirn erstrecken. Werden sie nun im Fuße angezogen, so pflanzt sich der Zug fort bis ins Innere des Gehirns, mit dem sie in Verbindung stehen. Dort erregen sie eine gewisse Bewegung, die von der Natur dazu bestimmt ist, in meinem Geiste die Empfindungen zu erregen, als schmerze der Fuß.

Um aber vom Fuße zum Gehirn zu gelangen, müssen jene Nerven durch Unterschenkel, Oberschenkel, Lenden, Rücken und Hals gehen. Da kann es nun vorkommen, daß das im Fuß gelegene Ende gar nicht berührt wird, sondern nur eine der zwischenliegenden Partieen. Die Bewegung im Gehirn aber ist ganz dieselbe, als ob der Fuß schmerzhaft berührt würde. Der Geist wird sonach notwendig ganz den nämlichen Schmerz fühlen müssen. Ganz dasselbe gilt von jeder beliebigen anderen Empfindung.

Jede einzelne Bewegung, die in dem Teile des Gehirns stattfindet, der unmittelbar auf den Geist einwirkt, vermittelt nun aber dem Geiste stets nur *eine und dieselbe* Empfindung.

So bemerke ich denn schließlich auch, daß man es sich gar nicht besser wünschen und denken könnte, als wenn die Gehirnbewegung immer gerade *die* Empfindung erregte, die von allen möglichen am meisten und häufigsten zur Erhaltung des gesunden Menschen beiträgt. Derartig sind nun wirklich, wie die Erfahrung zeigt, alle unsere natürlichen sinnlichen Erregungen beschaffen, und so findet sich nichts in ihnen, das nicht von Gottes Macht und Güte zeugte.

Werden z. B. die Nerven des Fußes heftig und in ungewohnter Weise erregt, so pflanzt sich diese Erregung durch das Rückenmark bis ins Innere des Gehirns fort und giebt dort dem Geist das Zeichen zu einer Empfindung, nämlich zur Empfindung als sei im Fuße ein Schmerz. Dadurch wird nun der Geist angetrieben, die Ursache des Schmerzes als etwas dem Fuße Schädliches nach Kräften zu beseitigen.

Gott hätte aber die menschliche Natur auch so einrichten können, daß jene nämliche Gehirnbewegung dem Geiste etwas Anderes darstellen würde, etwa den Geist selbst als im Gehirne oder im Fuße oder an einer dazwischenliegenden Stelle befindlich, oder irgend etwas Anderes. Nichts Anderes aber wäre in gleichem Maße der Erhaltung des Körpers förderlich gewesen.

In gleicher Weise entsteht auch durch das Bedürfnis nach Trank eine gewisse Trockenheit in der Kehle, welche die Nerven und durch deren Vermittlung das Innere des Gehirnes erregt. Diese Erregung ruft im Geiste gerade die Durstempfindung hervor, weil bei diesem ganzen Vorgang nichts für uns von größerem Nutzen ist, als zu wissen, daß wir zur Erhaltung unserer Gesundheit des Trankes bedürfen. Entsprechendes gilt in den anderen Fällen.

Hieraus ergiebt sich nun ganz klar, daß trotz der unermeßlichen Güte Gottes die Natur des Menschen als eines aus Leib und Seele bestehenden Doppelwesens doch zuweilen irren kann. Würde nämlich eine Ursache nicht im Fuße, sondern an einer anderen Stelle der Nerven auf seinem Wege vom Fuße zum Gehirn, oder auch im Gehirn selbst, genau die nämliche Erregung hervorrufen, die bei einer Verletzung des Fußes einzutreten Pflegt, so würden wir doch den Schmerz im Fuße empfinden und unsere Empfindung *irrt* dann, und zwar ihrer *Natur* gemäß, denn ein und dieselbe Gehirnerregung kann dem Geist stets nur die gleiche Empfindung mitteilen.

Diese Erregung pflegt aber viel öfter durch eine Verletzung des Fußes zu entstehen als durch eine Einwirkung an andrer Stelle, und darum ist es vernunftgemäß, daß jene Erregung uns immer einen Schmerz im Fuße vergegenwärtigt, statt ihn uns ein für allemal an einer anderen Stelle zu zeigen! Wenn auch einmal die Trockenheit in der Kehle nicht, wie gewöhnlich, daraus entsteht, daß das Trinken der Gesundheit des Körpers förderlich ist, sondern aus einer gerade entgegengesetzten Ursache (wie beim Wassersüchtigen), so ist es doch jedenfalls weit besser, die Trockenheit führt uns in dem *einen Falle* irre, als wenn sie es im Gegenteil *immer* thäte, wenn unser Körper in gutem Zustande ist! Entsprechendes gilt für die übrigen Fälle.

Diese Erwägung trägt sehr viel dazu bei, die Irrtümer zu bemerken, denen meine Natur ausgesetzt ist. Sie ermöglicht es mir aber auch, dieselben leicht zu berichtigen oder zu vermeiden. Weiß ich doch nun, daß alle Sinne bezüglich dessen, was dem Körper frommt weit öfter wahre als falsche Angaben machen; fast immer kann ich mich auch *mehrerer* Sinne bedienen, um mich einer Sache zu vergewissern; und dann habe ich ja noch das Gedächtnis, das die Gegenwart mit der Vergangenheit verknüpft, und den Verstand, der die Ursachen des Irrtums bereits alle durchschaute! Da brauche ich nicht mehr zu fürchten: was die Sinne mir täglich entgegenhalten, das sei falsch! Die übertriebenen Zweifel der letzten Tage sind als lächerlich zu verwerfen; besonders jener bedeutendste, wegen des Traumes, den ich vom Wachen nicht unterscheiden konnte! Jetzt sehe ich, wie groß der Unterschied zwischen beiden ist: niemals verknüpft das Gedächtnis die Träume mit allem anderen, was wir im Leben thun; bei dem jedoch, was wir im Wachen erleben, ist dies der Fall.

Würde mir jemand im Wachen plötzlich erscheinen und gleich wieder verschwinden, ganz wie im Traume, und zwar ohne daß ich merkte, woher oder wohin er gekommen, so würde ich mit Recht eher meinen, das sei ein Gespenst oder ein Wahngebilde meines Gehirns, als ein wirklicher Mensch. Begegnen mir aber Dinge, bei denen ich deutlich bemerke, woher sie kommen, und wann sie sich ereignen, und steht ihre Wahrnehmung durchaus in stetigem Zusammenhang mit meinem ganzen übrigen Leben, so weiß ich ganz gewiß, daß dies nicht im Traume, sondern im Wachen geschieht. Habe ich dann noch alle Sinne, das Gedächtnis und den Verstand angerufen, um jene Wahrnehmungen zu prüfen, und alle diese stehen in vollster Übereinstimmung, so darf ich auch nicht den geringsten Zweifel mehr an ihrer Wahrheit hegen, denn aus der Wahrhaftigkeit Gottes folgt, daß ich in solchen Fällen überhaupt nicht in Irrtum geraten kann.

Allerdings bleibt uns im Drange der Geschäfte nicht immer die Zeit zu einer so genauen Prüfung, und so muß ich gestehen, daß das menschliche Leben im einzelnen doch gar oft Irrtümern unterliegt, und ich muß die Schwäche unserer Natur anerkennen.

Ende

Über tredition

Eigenes Buch veröffentlichen

tredition wurde 2006 in Hamburg gegründet und hat seither mehrere tausend Buchtitel veröffentlicht. Autoren veröffentlichen in wenigen leichten Schritten gedruckte Bücher, e-Books und audio-Books. tredition hat das Ziel, die beste und fairste Veröffentlichungsmöglichkeit für Autoren zu bieten.

tredition wurde mit der Erkenntnis gegründet, dass nur etwa jedes 200. bei Verlagen eingereichte Manuskript veröffentlicht wird. Dabei hat jedes Buch seinen Markt, also seine Leser. tredition sorgt dafür, dass für jedes Buch die Leserschaft auch erreicht wird.

Im einzigartigen Literatur-Netzwerk von tredition bieten zahlreiche Literatur-Partner (das sind Lektoren, Übersetzer, Hörbuchsprecher und Illustratoren) ihre Dienstleistung an, um Manuskripte zu verbessern oder die Vielfalt zu erhöhen. Autoren vereinbaren direkt mit den Literatur-Partnern die Konditionen ihrer Zusammenarbeit und partizipieren gemeinsam am Erfolg des Buches.

Das gesamte Verlagsprogramm von tredition ist bei allen stationären Buchhandlungen und Online-Buchhändlern wie z. B. Amazon erhältlich. e-Books stehen bei den führenden Online-Portalen (z. B. iBookstore von Apple oder Kindle von Amazon) zum Verkauf.

Einfach leicht ein Buch veröffentlichen: **www.tredition.de**

Eigene Buchreihe oder eigenen Verlag gründen

Seit 2009 bietet tredition sein Verlagskonzept auch als sogenanntes "White-Label" an. Das bedeutet, dass andere Unternehmen, Institutionen und Personen risikofrei und unkompliziert selbst zum Herausgeber von Büchern und Buchreihen unter eigener Marke werden können. tredition übernimmt dabei das komplette Herstellungs- und Distributionsrisiko.

Zahlreiche Zeitschriften-, Zeitungs- und Buchverlage, Universitäten, Forschungseinrichtungen u.v.m. nutzen diese Dienstleistung von tredition, um unter eigener Marke ohne Risiko Bücher zu verlegen.

Alle Informationen im Internet: **www.tredition.de/fuer-verlage**

tredition wurde mit mehreren Innovationspreisen ausgezeichnet, u. a. mit dem Webfuture Award und dem Innovationspreis der Buch Digitale.

tredition ist Mitglied im Börsenverein des Deutschen Buchhandels.

Dieses Werk elektronisch lesen

Dieses Werk ist Teil der Gutenberg-DE Edition DVD. Diese enthält das komplette Archiv des Projekt Gutenberg-DE. Die DVD ist im Internet erhältlich auf **http://gutenbergshop.abc.de**

MIX
Papier | Fördert
gute Waldnutzung
FSC® C083411

Zeitfracht Medien GmbH
Ferdinand-Jühlke-Straße 7
99095 Erfurt, Deutschland
produktsicherheit@kolibri360.de